O LIVRO
DAS
TERAPIAS NATURAIS

Dados Internacionais de Catalogação na Publicação (CIP)
(Câmara Brasileira do Livro, SP, Brasil)

Orsi, René Marcos
O livro das terapias naturais : (elementos de naturologia) / René Marcos Orsi e colaboradores. -- 1. ed. -- São Paulo : Ícone, 2010.

Bibliografia.
ISBN 978-85-274-1105-9

1. Naturopatia 2. Terapia Natural I. Título.

10-03577   CDD-615.535

Índices para catálogo sistemático:

1. Naturopatia   615.535
2. Terapia natural   615.535

Professor René Marcos Orsi

E Colaboradores

O LIVRO DAS TERAPIAS NATURAIS

(ELEMENTOS DE NATUROLOGIA)

1ª edição
Brasil 2010

Ícone editora

© Copyright 2010
Ícone Editora Ltda.

Projeto gráfico, capa e diagramação
Richard Veiga

Revisão
Saulo C. Rêgo Barros

Proibida a reprodução total ou parcial desta obra,
de qualquer forma ou meio eletrônico, mecânico,
inclusive através de processos xerográficos, sem
permissão expressa do editor (Lei nº 9.610/98).

Todos os direitos reservados à:
ÍCONE EDITORA LTDA.
Rua Anhanguera, 56 – Barra Funda
CEP: 01135-000 – São Paulo/SP
Fone/Fax.: (11) 3392-7771
www.iconeeditora.com.br
iconevendas@iconeeditora.com.br

Dedicatória

Este livro é dedicado a homens e mulheres que anseiam e buscam por um mundo melhor, mais justo, seguro e coerente, onde a liberdade é um direito de todos, onde a saúde não é manipulada por grupos corporativistas, dominadores, frios e insensíveis.

Agradecimentos

Primeiramente, ao Pai Celestial que nos concedeu recursos naturais, sendo a maioria deles de fontes milenares para a preservação da saúde e cura de doenças tanto física como mental ou ainda de ordem espiritual sem ser preciso recorrer a meios invasivos ou a substâncias químicas tão prejudiciais à saúde, repletas de contraindicações ou efeitos colaterais, evitando muitas cirurgias sanguinolentas.

A minha querida filha Semíramis que me ajudou muito na confecção deste livro, lendo, relendo e dando sua crítica construtiva sincera que foi de muita valia. Também à minha esposa, Maria Cecília mãe de meus sete filhos e companheira, que sempre me apoiou, mesmo nos momentos difíceis de minha vida.

Aos meus alunos e ex-alunos, a todos os professores que lecionam e lecionaram em minha Escola, principalmente à Dr.ª Ana Helena, Ítalo Sofiato, e meus pacientes que manifestaram um voto de confiança em meu trabalho.

Apresentação

Foi com imenso prazer que recebi o convite do Amigo, Colega, Professor, "Guru" René Orsi para fazer a apresentação deste livro. Confesso que primeiro senti uma felicidade imensa, que foi seguida de um medo enorme, pois como poderia fazer a apresentação de um ser humano do potencial e do conhecimento do René Orsi, como fazer um texto de seu mentor holístico, nisso lembrei-me do provérbio chinês que fala: "Não há vento favorável para quem não sabe para onde está indo".

Primeiro gostaria de agradecer ao René e a sua esposa Maria Cecília a disposição de fazer a iniciação e apresentar para esta alopata de formação o mundo maravilhoso da Naturologia.

Lendo este livro, faz-nos pensar em alguns tópicos importantes, começo com o conhecer a si mesmo, pois esta é uma poderosa ferramenta para a motivação e o sucesso. Saber o que te realiza, que te dá satisfação, aquilo que te deprime, que te oprime. Além disso, é preciso sempre rever os conceitos, as opiniões, aceitar o que não tem jeito, capacitar-se a lidar com as mudanças que ocorrem de forma cada vez mais rápida e constante em nossa vida. Outro tópico importante: livrar-se dos preconceitos, pois eles te limitam, te cegam para o que realmente importa.

Transformar uma vida comum em uma vida de êxitos começa com a mudança dentro de nós, de dentro para fora, isto nos fará fortes, capazes de enfrentar qualquer adversidade, qualquer obstáculo, nos dará a motivação e a perseverança necessárias para seguir em frente, sem esmorecer. Isso foi algo muito importante que aprendi com o René.

Você já reparou hoje em dia como os valores estão invertidos? Quando paramos para pensar em certas coisas que acontecem na vida da gente, percebemos como o mundo está de cabeça para baixo. Somos clientes e temos que pedir para sermos atendidos; pagamos impostos e não temos direito ao que deveríamos ter por pagar impostos, quando pagamos não podemos exigir, quando reclamamos de algo é surpreendente como não somos ouvidos… por aí vai.

Aonde vamos parar, com a desvalorização da saúde, do bem-estar, da qualidade de vida, dos relacionamentos pessoais e habituando-nos com a impessoalidade, a falta de emoção?

Se entendermos o antes possível que as coisas precisam mudar, que é preciso voltar à simplicidade dos tempos passados, onde não se necessitava de muito para ser feliz, nem de mostrar que somos melhores que outros, onde viver era mais fácil, pois não havia tantas exigências de perfeição nem tantas cobranças; se começássemos a pensar não só no individual e um pouco mais no coletivo, em estender uma mão aberta e não um punho fechado de raiva, de estresse do dia a dia. Se pudéssemos parar de falar e escutássemos mais daríamos um pequeno passo rumo a um futuro melhor para todos.

É possível conscientizar e é possível ter valores e se isso ainda é possível, por que não tentar mudar o mundo?

Então, comece a reavaliar seus conceitos, conhecer suas necessidades e limitações e prepare seu espírito para novos desafios, lance-se nesta aventura, certamente você ganhará muito com isso.

Leia, pense, sonhe, realize, este é um início renovado… Para um mundo mais saudável.

Doutora Ana Helena Martins
Médica do Trabalho e Neurologista

Prefácio do Autor

Até 1969, já com 23 anos de idade, nunca tinha ouvido falar em Terapias Naturais, lotado no Corpo de Bombeiros de Santos em São Paulo, recebi a proposta de fazer um curso de Massagens no Sindicato dos Enfermeiros. Atraído pelo bom desconto oferecido à nossa classe profissional, resolvi fazer o curso, de início sem muito entusiasmo, na verdade estava interessado em mais um diploma para meu prontuário profissional. Em 1970, inscrevi-me no exame realizado a cada semestre para poder exercer legalmente a profissão de massagista, dando habilitação para instalar meu próprio Gabinete de Massagens. Exame este oferecido pelo até então SFEP – Serviço de Fiscalização do Exercício Profissional da Saúde (hoje estes exames não existem mais), tendo sido aprovado nos exames e recebido o nº 5.677 em conformidade com a Lei 3.968 de 5 de outubro de 1961. Por estar empregado e sem pretensões de exercer a profissão, não montei meu gabinete de massagens de imediato, porém, comecei a atender amigos e parentes que, para minha surpresa, se recuperavam rapidamente de suas dores sem uso de qualquer tipo de medicamento. Sendo filho único de mãe norte-americana, pelo menos, uma ou duas vezes por ano, sentia-me na obrigação de visitá-la e foi nessas andanças pelos Estados Unidos da América que conheci alguns centros naturalistas, principalmente no estado da Califórnia (o estado americano mais naturalista dos Estados Unidos da América), que atiçaram meu desejo de pesquisa e aprofundamento na área, o que mudou minha maneira de pensar e o desejo de ingressar de corpo e alma na militância pelo naturalismo o que não foi fácil, uma vez que não existiam cursos de formação na área (hoje surgem acanhadamente cursos de formação de Tecnólogos em Naturologia), desta forma fui obrigado a me tornar um autodidata, colocando em prática tudo o que aprendia, onde muitas experiências eram realizadas em mim mesmo. Foi exatamente o que fiz e continuo fazendo há mais de 40 anos, período de muitas vitórias, mas também de muita luta consequente da falta de entendimento por parte das autoridades médicas da época. Hoje, maio de 2009, data que comecei a escrever este livro, com 63 anos de idade, penso ter dado minha contribuição no sentido de colocar principalmente a Massoterapia em seu devido lugar, uma vez que na década de 70, 80 e felizmente menos nos dias de hoje, a massagem tinha uma conotação pejorativa e maliciosa, até então ser massagistas, principalmente massagistas mulheres, estavam sujeitas a ouvir gracejos de mau gosto por causa de prostitutas anunciarem seus serviços em jornais dizendo-se "massagistas", o que me motivou a escrever um livro esclarecendo o que é massagem, quais seus benefícios, quais e quantos tipos de massagens existem, qual o perfil do massagista, etc. Em 1984, publiquei meu primeiro livro, "Massagem – A Terapia dos Deuses", movido pela necessidade de esclarecer verdades e mentiras sobre massagens, até mesmo o nome massagem tive que substituir por massoterapia (aliás, diga-se de passagem, este foi o primeiro livro a utilizar a palavra Massoterapia, até então nunca registrada em livro algum), hoje, 2009, portanto, 25 anos após o lançamento deste meu primeiro livro, senti-me novamente movido pelo mesmo desejo, porém, o de desmistificar e esclarecer verdades sobre terapias naturais e como mantenedor de uma Escola Técnica de Acupuntura e Massoterapia no interior de São Paulo, indignado pelos ataques infames recebidos por órgãos que deveriam proteger e cuidar do bem-estar da população, mas que, na verdade, buscam proteger interesses de determinadas classes profissionais da área de saúde em detrimento da qualidade de vida social, é que lanço neste livro parte de minha experiência adquirida nesses 40 anos de vivência na arte de curar naturalmente com a colaboração de autoridades em cada assunto, sem a qual esta obra não seria possível.

Espero que este livro, caro leitor, lhe possa ser útil de uma forma ou de outra, só assim como militante que sou, terei cumprido minha missão nesta terra onde todos nós estamos apenas de passagem na qualidade de peregrinos, com o objetivo de deixar algo de bom para a geração futura através de nossas experiências vividas, de forma que não seja preciso padecerem como nós.

René Marcos Orsi
19 de maio de 2009.

Sumário

O que são Terapias Naturais?, **17**

Quem é o Terapeuta Natural?, **19**

Classificação das Terapias Naturais, **25**

Técnicas Xamânicas — Xamanismo, **26**
    Os Druidas, **28**
    As Weledas, **29**
    Na África, **30**
    O Xamanismo da América do Norte, **32**
    América do Sul e Central, **33**

Terapias Naturais Orientais e suas Subdivisões, **34**
    Terapias Chinesas de Origem Taoista, **34**

A Medicina Chinesa e suas Técnicas Terapêuticas, **54**

A Formação Médica na China Antiga, **71**

A Milenar Medicina Indiana ou Ayurvedica, **73**

O Legado Tibetano, **84**

O Legado Deixado pelo Japão, **86**

Fundamentos da Naturologia para a Educação Básica
    no Brasil – "Transversalidades Possíveis", **90**

A Macrobiótica, **124**

As Seis Felicidades, **125**

Técnicas Ocidentais com suas Subdivisões, **128**

    O Legado Europeu, **128**

    A Contribuição do Continente Americano para o Naturalismo:, **139**

Constelação, **144**

    Constelação Familiar, **144**

Técnicas Modernas Inclusivas – das mais Diversas, **150**

    O Espiral Tape, **150**

    Stiper – A Acupuntura sem Agulhas e sem Nenhuma Dor, **151**

Bibliografia, **155**

O que são Terapias Naturais?

Esta é uma pergunta de respostas geralmente polêmicas e difícil de responder em poucas palavras devido a sua complexidade. Antes de qualquer resposta é preciso definir o que é "natural". Nos mais diversos meios publicitários encontramos "Estética Natural", "Restaurante Natural", "Clínica de Tratamento Natural" e assim por diante, mas isso não explica o que é ser natural.

O Dicionário Michaelis da Editora Melhoramentos define Natural da seguinte maneira, Natural: Que pertence ou se refere à natureza. Produzido pela natureza, ou de acordo com suas leis. Que segue a ordem regular das coisas. Não contrafeito, não estudado. Espontâneo. Conforme à índole humana; inato, ingênito. Fácil, sem constrangimento. Conforme à razão ou ao uso. Que se oferece espontaneamente ao espírito. Derivado da natureza (em oposição a habitual). Instintivo. Acomodado, apropriado, consoante. Provável, presumível, verossímil. Originário, oriundo. Não falsificado. Próprio. De origem terrena; humano. Em que não há trabalho do homem. Diz-se do filho que não provém do matrimônio. Diz-se da figura que representa objeto da natureza. Diz-se das ciências que tratam da natureza e das suas produções...

Para nós naturalistas, Natural vem da Natureza, pró-natureza, ou, melhor, recursos, produtos e sistemas naturais, ou, ainda, favoráveis a natureza, em nosso caso, o natural refere-se à natureza humana, tudo que é natural e benéfico à natureza humana, seja para fins terapêutico, profilático, estético, psíquico, ecológico ou social.

É um sistema de vida onde os praticantes buscam um viver de acordo com os princípios da natureza, cujos meios de manter ou restaurar o bem-estar sejam oferecidos pela mãe natureza, não por um idealismo irracional como um fanatismo religioso ou algo parecido, mas pelo simples fato de se ter consciência que na natureza existam todos os recursos para o equilíbrio que o homem precisa para viver bem. Não pretendem com isso, estes praticantes, menosprezar todo avanço científico ou tecnológico que facilita grandemente a vida moderna, seja eles eletrônico, mecânico e outros, promovendo um viver melhor com mais conforto e facilidades, porém, repudiam todo e qualquer ato que venha a prejudicar a natureza e consequentemente a qualidade de vida do ser humano, tais como poluições sejam elas ambientais, sonoras, odoríferas ou outras atitudes que promovam o desequilíbrio ecológico e afetem a saúde.

Isto não significa que o artificial deva ser rejeitado como uma praga, porém, por uma questão de lógica, perguntam: – Por que devo me refrescar com refrigerantes artificiais se tenho frutas das quais posso fazer sucos naturais? Ou por que devo utilizar medicamentos analgésicos que possuem contraindicações e efeitos colaterais se podem tirar minhas dores naturalmente sem prejuízo aos meus órgãos internos? É verdade que a maioria não pensa assim, muitos dirão: – Tomo refrigerantes por uma questão de sabor, não estou preocupado se faz bem ou mal, e por que deveria me preocupar se muitos tomam coisas piores? Ou se estou com dores, quero me livrar delas, não importa o meio e sua causa. O homem é por natureza um ser imediatista, não tem paciência de esperar por bons resultados que podem chegar à cura, prefere uma resposta imediata sem analisar futuras consequências, como se não fosse viver o amanhã. Ao aparecer os primeiros pés de galinhas e rugas no rosto, ou seios caindo pela gravidade e a idade juntamente, dificilmente procurarão recursos naturais para estes fins, tais como a acupuntura, massagens modeladoras e rejuvenescedoras, um viver sem estresse (isto é muito difícil para a vida moderna, porém, não impossível), uma alimentação saudável que retarde o envelhecimento: – nada disso! É muito mais prática uma cirurgia plástica, uma aplicação de botox ou seios de silicone ou, se estiver bem acima do peso natural, é mais fácil a lipoaspiração, moderadores de apetite (venenos de rato) ou ainda a cirurgia tão agressiva para redução de estômago. O homem se mata, se mutila, se torna um ser artificial em nome da aparência, sem se preocupar com as consequências, e num futuro próximo a natureza cobra a agressão sofrida com juros e correção.

Através destas simples pinceladas, deu para definir o que é Naturalismo?

Definição de Naturalismo

Sistema de vida que utiliza recursos da natureza ou técnicas milenares ou modernas em acordo com a natureza humana, sem agressões, procurando um viver mais saudável, um envelhecimento lúcido e menos sofrido, onde o homem possa viver bem e "morrer de morte desfalecida, farto de viver", como disse o pai Abraão do velho testamento da bíblia, que morreu com 175 anos sem os sofrimentos que acometem a velhice moderna.

Quem é o Terapeuta Natural?

Boa pergunta! Já que não existe a especialização de médico Naturólogo, nem poderia haver, uma vez que a Naturologia e a Alopatia não casam por serem como "água e óleo", não se misturam. Como é possível que alguém que teve uma formação alopática de seis anos de estudos, mais dois anos de residência médica e mais a especialização pode se transformar em naturalista como num passe de mágica? A Faculdade imputou a eles um "cabresto" (desculpem os médicos se o termo cabresto possa parecer ofensivo, não é meu objetivo ofender a nobre profissão médica, tenho amizade e admiração por muitos médicos, alguns deles foram meus alunos do curso de acupuntura, um dos meus genros é médico sério e altamente competente como cirurgião plástico a quem admiro muito como profissional), porém, quem diz a verdade não merece castigo, portanto, posso afirmar sem medo e sei que muitos pensam como eu que a Medicina Alopática é invasiva, mutiladora e materialista, o que não é nenhum segredo e que o sistema de saúde atual é um sistema falido que deve ser mudado com urgência para uma melhor qualidade de vida do cidadão e para o bem dos próprios médicos que também sofrem com isso. Sustento que um médico de formação Alopática, que se propôs a associar a alopatia com terapias naturais, está correndo o risco de não ser bem-sucedido, é o mesmo que acelerar um carro com o freio de mão puxado, não dá certo e vejamos alguns exemplos como o Corticoide, muito usado pelos médicos, que tem a propriedade de inibir o efeito da acupuntura, o mesmo acontece com quem ingere barbitúrico ao ser tratado com fitoterápicos chineses, o paciente não deve associar com medicamentos alopáticos, um exemplo são os medicamentos fitoterápicos chineses Xiaoke com os seguintes ingredientes: Radix Rehmanniae, Radix Puerariae, Radix Astragali, Radix Trichosanthis, Stylus

Zeae Maydis, Fructus Schisandrae Sphenantherae, Rhizoma Dioscoreae e Glibenclamida. Que não são recomendados seu uso concomitante com alopáticos, como as Insulinas. O único que casa é o Glibenclamida.

Neste caso, seria correto existir duas medicinas concorrendo uma com a outra, já que a medicina alopática e a natural não casam, alguns perguntarão: – Não é possível dar ao médico ambas as formações em um único curso? Digo que não, por possuírem pensamentos e forma de agir totalmente diferentes, tirando do paciente o direito de escolher o tratamento que melhor lhe aprouver.

Vamos aqui dar uma breve distinção entre as duas formas de tratar e encarar a doença, a Medicina Alopática ou Oficial e a Medicina Natural.

A Medicina oficial em nosso País Brasil e em todo mundo ocidental, já influenciando grandemente o mundo oriental por questões econômicas, é a Alopática. Alopatia significa "combater o mal", *"Contraria contrariis curantur"* que seria (contrário são curados por contrários).

Na verdade, quando agredimos alguém, seja por palavras ou fisicamente, o ofendido tende a revidar, o mesmo acontece com os medicamentos alopáticos que visam combater o mal, entretanto, o mal ao ser agredido responde retribuindo com agressão e isso é chamado de "contraindicações" e "efeitos colaterais". O mesmo pode acontecer mesmo ingerindo medicamentos fitoterápicos (naturais), se ingeridos dentro do princípio alopático que é o de combater o mal. A Medicina Natural não visa combater o mal e sim fortalecer o sistema de defesa do organismo para que o mal seja eliminado naturalmente. Quando compramos um medicamento alopático, de imediato lemos a bula e ao lermos as contraindicações e os efeitos colaterais, muitas vezes ficamos assustados dando-nos a impressão que faz mais mal que bem. Alopatia é isso, os medicamentos alopáticos quando ingeridos oferecem respostas agressivas ao corpo humano. Hipócrates, o grego, dizia: "seja o teu alimento o teu remédio e o teu remédio o teu alimento" (este é um princípio naturalista), não que médicos alopatas não recomendam alimentos naturais. Hipócrates, considerado o pai da medicina ocidental, também curava com substâncias, mas com substâncias da natureza, ele e qualquer naturalista sabem que as substâncias da natureza são curativas quando usadas com critério, devendo ser ingeridas até o restabelecimento do paciente, as quais depois disso devem ser abandonadas por se tornarem nocivas à saúde, que, ao invés de fazerem bem, passam a fazer mal, porque ervas curativa não são alimentos e quando ingeridas em estado de boa saúde passam a ser veneno. Esta é uma das divergências entre Medicina Alopática e Medicina Natural, que através de suas técnicas não visa combater o mal e sim fortalecer o organismo enfraquecido pela doença, para que este tenha forças necessárias para eliminar o mal.

Outra grande divergência entre as duas medicinas é que a Medicina Natural vê o homem como um todo, sem fragmentá-lo, o tratamento consiste em equilibrar o todo, porque sabe que um órgão doente afeta tanto o somático como o psíquico, é impossível o somático estar doente sem que afete o psíquico ou vice-versa. A Medicina Alopática fragmenta o homem em partes, a doença do fígado é do fígado, e é preciso um especialista que entenda de fígado para curá-lo, e assim com todos os outros órgãos, tanto é que existem inúmeras especializações para cuidar particularmente cada órgão ou víscera como se cada órgão ou víscera fossem como engrenagens de uma máquina que podem ser alteradas ou substituídas, por esta razão existem os especialistas em cada região do corpo, o neurologista, o otorrinolaringologista (que palavrão hein?), o ginecologista, o ortopedista e tantos outros, que para classificá-los seria preciso preencher algumas linhas desta página. A classe dos Cirurgiões acredita que a maioria das doenças só podem ser corrigidas através de cirurgias. Se todas as cirurgias fossem realmente necessárias (sabemos que muitas delas são), Deus, com sua infinita sabedoria, teria feito o homem com velcro ou zíper, para que pudesse ser aberto com facilidade sem ser preciso cortar.

Outra questão (que quem não é da área de saúde geralmente não sabe), é que a Medicina oficial é corporativista, tem um conselho forte que defende com unhas e dente o mercado de trabalho dos médicos, o que não vejo como errado, outros conselhos de saúde também fazem o mesmo, no interior do País, em cidades pequenas onde o mercado é restrito, o pequeno grupo de médicos forma um *lobby* que impede a vinda de outros médicos, caso contrário, devido a uma pequena população local, os ganhos seriam reduzidos e prejudicados. Até aí é justificável e aceitável, apesar de o paciente da cidadezinha não ter escolha e, caso o único médico local não o agrade, terá que se deslocar para um grande centro mais próximo e procurar outro especialista, porém, a reserva de mercado que considero reacionária e injusta, impedindo a evolução, fazendo com que o enfermo não tenha escolha, é o de impedir que surja outra medicina diferente para competir com ela. Qualquer concorrência é salutar e quem ganha com isso é o consumidor, a concorrência força a classe prestadora de serviços, neste caso, a saúde, a melhorar a qualidade de serviços prestados, devido o receio da melhor qualidade do serviço concorrente.

A Medicina Convencional não permite concorrente e tem força para isso, lembro-me que, no final da década de 80, uma determinada Faculdade do Paraná lançou um curso de Medicina Natural, formou duas turmas e não conseguiu autorização do MEC. Hoje algumas faculdades do País lançaram o curso de Tecnólogo em Naturologia muito acanhadamente, tive em mãos a grade curricular de uma delas e confesso estar muito aquém do que venha a ser realmente Naturologia, mas já é um começo, Em alguns países de primeiro mundo (vamos citar a Suécia como exemplo), a saúde é estatizada e permite que o paciente escolha a terapia que desejar, seja Alopatia, Medicina Chinesa, Medicina Ayurvedica, Medicina Natural, Xamanismo, entre outras.

A OMS – Organização Mundial de Saúde, tem a Acupuntura como direito de todos de praticar, não podendo ser especialização deste ou daquele conselho. Somente dois países têm a Acupuntura como prática exclusiva Médica, os Emirados Árabes e a Áustria, a maioria dos outros países convivem bem com ambas as medicinas, uma não incomoda a outra, o maior exemplo vem do México onde o Naturalismo é bem forte e no Estado da Califórnia, nos Estados Unidos da América também é, já no Brasil, ela incomoda a Medicina convencional.

É verdade que o sistema de saúde em nosso País deixa muito a desejar e por causa disso o sistema Médico de Saúde é bem desacreditado, levando as pessoas a procurarem outros recursos alternativos de saúde, aliás, a Medicina Natural é também conhecida como Terapia Alternativa pelo fato de só ser procurada quando o recurso oficial falha, mas este quadro está mudando, cada vez mais pessoas acreditam nas terapias naturais e as indicam a seus amigos e familiares por ser um sistema terapêutico não invasivo, até mesmo médicos recorrem a ela e a indicam a seus familiares.

Se por um lado as terapias naturais, ditas "alternativas", crescem "underground", por outro lado, pelo fato de não existir oficialmente e por não possuir cursos de nível superior e, em consequência disso, não pode existir também um conselho que as regulamente, está entregue nas mãos das traças, se podem existir terapeutas sérios e competentes, também surgem charlatões oportunistas que denigrem sua imagem, na verdade competentes e charlatões existem em todas as profissões, com uma diferença, todas elas são regidas por lei e, se esta situação não mudar, tudo continuará no mesmo, sabe-se até quando.

As Terapias Naturais não são "Alternativas" conforme denominadas, por serem recursos terapêuticos eficazes com resultados comprovados nas mais diversas patologias e, sim, uma forma de tratamento integral, em cuja anamnese procura-se verificar todo o ser:

- O somático;
- O psíquico;
- O energético; e
- O espiritual.

Pesquisa-se também se o paciente está em harmonia com as "seis felicidades", caso contrário, não poderá ser feliz e, consequentemente, saudável.

As Seis Felicidades:
- Familiar;
- Social;
- Profissional;
- Financeira;
- Espiritual; e
- Saúde.

Mais adiante iremos discorrer sobre cada uma delas e a importância do equilíbrio destas para a saúde.

Mas, afinal, depois de tanto questionamento e esclarecimentos (a pergunta ainda esta no ar), quem é o Terapeuta Naturalista? E você caro leitor, como pensa ser o Terapeuta Naturalista? Talvez aquele "bicho grilo" de rabicho e barbicha, magríssimo que só come natureba que diz: – não pode isso, não pode aquilo porque faz mal a saúde. Posso garantir que não é nada disso, o Terapeuta Naturalista é uma pessoa comum, pode ser gordo, magro, alto, baixo, sorridente, fechado, a diferença consiste na maneira de encarar a vida e o homem, busca o saudável, a qualidade de vida, para si, para os seus e para os que o cercam, é defensor da ecologia porque procura estar em harmonia com a natureza, porque ama a natureza e sabe que é parte integrante dela, não despreza o artificial, pode até fazer uso dele e viver bem com o artificialismo, contanto que não prejudique ou interfira no natural, não é fanático nem reacionário, pode ser vegetariano, macrobiótico, carnívoro ou carniceiro, é livre para escolher o sistema de vida que melhor lhe aprouver, Mas quando se trata de prevenir ou tratar doenças seja para si ou seus pacientes, é radical em preferir as terapias naturais ao invés da alopatia, disso ele não abre mão. Alopatia, cirurgia, só em último caso, portanto, para si, a alopatia é que é medicina alternativa. Em resumo, a felicidade e a qualidade de vida é seu foco.

Quanto ao seu ambiente de trabalho, é rodeado de plantas naturais, aromas de essências naturais, sua sala de atendimento é bem arejada e ensolarada, se o tempo estiver ameno, prefere trabalhar ao ar livre, principalmente se for terapia manual (massagens), procura fazer com que sua terapia seja agradável, suave e com gosto de "quero mais", é seguro do que faz porque está em harmonia com a natureza, o dinheiro é importante, porque afinal vive de seu trabalho para seu sustento, mas o dinheiro para ele é consequência e não o fim, sabe que bons resultados atraem clientes. Se o paciente gostar, conta até cinco, se não gostar, conta até dez. É bom ouvinte e gosta de fazer uma perfeita anamnese, escarafunchando o paciente de cabo a rabo porque sabe que o sucesso de um tratamento depende de uma perfeita anamnese. Errando a anamnese, erra-se também o tratamento. Conhece suas limitações e é humilde para reconhecê-las. Sabe que terapias naturais são conhecimentos sem-fim que se aperfeiçoa com o tempo e a prática. O mais importante de tudo: ama o ser humano com suas imperfeições. É um perfeito Asclépio (aquele que cura exaustão). Sabe que tem imperfeições como todo mundo, mas sabe também que para seu sucesso é preciso saber superá-las na medida do possível. Não fica lamentando seus erros e, sim, procura entendê-los para tratar a si próprio.

Este é o Terapeuta Naturalista.

Médico tratando um paciente. Museu do Louvre, Paris, França.

Classificação das Terapias Naturais

As Terapias Naturais são compostas de inúmeras técnicas, as quais muitas delas são milenares outras seculares e em quantidade menores modernas, porém, todas eficientes. Comprovada sua eficácia na prática, temos em nossa Escola estatística de diversas delas com depoimento de pacientes que realizaram seus tratamentos em nosso ambulatório. O leque é muito grande, o estudo muito denso, exigindo boa qualificação acadêmica e muita sensibilidade humana. O fato de um profissional da área de saúde de nível superior ou técnico conhecer uma ou duas modalidades de massagens mais florais, radiestesia, cromoterapia e mais algumas técnicas naturais, não faz dele um Terapeuta Naturalista, porque o Terapeuta Naturalista é aquele que tem muitos recursos terapêuticos e domina-os muito bem, com plena segurança. Terapias Naturais é uma ciência que abrange inúmeros conhecimentos, como veremos adiante. Para um maior entendimento do leitor, faremos aqui uma classificação das principais Terapias Naturais ou assim dizendo Técnicas Naturais profiláticas, analgésicas e curativas, em seguida, explicaremos cada uma, com um pouco de história, sua técnica, campo de ação, sua indicação e contraindicação. Por se tratar de um estudo profundo e serem muitas as Terapias Naturais, perdoe-nos caro leitor se omitirmos muitas delas aqui, não é nosso objetivo classificar todas as técnicas naturais de cura e, sim, apenas fornecer uma ideia clara do que são Terapias Naturais.

As Terapias Naturais são divididas em:
- Técnicas Xamânicas (Xamanismo) com as subdivisões:
  - Europeia:
    - Druidas;
    - Welledas.
  - Africana.
  - Ameríndia:
    - América do Norte;
    - América do Sul.
- Terapias Orientais com as subdivisões:
  - De filosofia Taoista;
  - De filosofia Ayurveda; e
  - De filosofia Budista Tibetana.

- Técnicas Ocidentais com as subdivisões:
  - ➢ Europeia;
  - ➢ Do continente Americano.
- Técnicas modernas inclusivas – das mais diversas.

O estudo das divisões e subdivisões pode ser bem mais complexo, porém, aqui temos uma ideia bem clara do que pretendemos expor. Abaixo, destrincharemos cada uma delas.

Técnicas Xamânicas – Xamanismo

Não que o Terapeuta Naturalista tenha que ser conhecedor do Xamanismo, pelo contrário, alguns deles por princípio (muitas vezes religiosos) repudiam a prática Xamânica por considerarem uma religião pagã. Esta visão depende do ponto de vista de cada um, uma vez que muitos Xamanitas e adeptos do Xamanismo o praticam religiosamente.

O Xamanismo é a prática que visa à harmonia com a natureza mais antiga do mundo, possui ritual, por isso é tido como religião, sua prática remonta à pré-história, e o que torna tudo interessante é que os Xamãs do mundo todo, seja da América do sul e do norte, sejam da África, Europa, Ásia, Rússia, Nova Zelândia ou dos Antigos Australoides (povo antigo da Austrália) têm rituais de cura muito semelhantes, ou é mera coincidência? (acho muito difícil), ou ainda estes Sacerdotes Curandeiros se comunicavam de uma forma ou de outra ou, ainda, tudo surgiu da mesma fonte pré-histórica, criando com isso um grande mistério, uma vez que os meios de comunicação antigos não eram como os de hoje, tanto é que havia povos que não se comunicavam devido à distância.

Eu pessoalmente, como terapeuta, não incluiria jamais o Xamanismo pleno dentro de minhas práticas terapêuticas, algumas técnicas sim, não por desacreditar em seu potencial de cura, mas pelo fato de não me conseguir ver batendo tambor, queimando ervas secas e conduzindo a fumaça destas em direção ao paciente, impulsionadas por uma pena de águia, ou ainda fazendo poções terapêuticas de misturas de ervas.

Se por um lado o Xamanismo é uma prática de cura tanto espiritual como física ou de efeito psíquico pelo fato de seu ritual sugestionar, que remonta dos tempos do homem primitivo, empregada em quase todas as regiões do mundo antigo, considerada por muitos como bárbara para o mundo moderno, não significa que seus procedimentos não sejam viáveis para os dias de hoje, pelo contrário, é sabido que a pajelança praticada pelos nossos índios modernos que seguem os mesmos rituais de seus antepassados surte efeito curativo, tanto pelo conhecimento das ervas locais como por suas práticas estranhas à medicina convencional. Por serem estranhas ao mundo moderno, porém, de grande eficácia, deveriam ser estudadas pela ciência e esclarecidas. Lembro-me que em minha juventude fui acometido de uma erisipela na perna e pé esquerdo, após permanecer vários dias internado, o médico alopata deu-me alta e disse que não havia mais nada a fazer a não ser repousar em casa, lavar o pé com violeta genciana e continuar com os antibióticos até sarar. Ao chegar em casa, chamaram uma Benzedeira que realizou uns movimentos em torno do pé com um raminho de arruda e umas rezas, questão de poucos minutos. No dia seguinte eu não tinha mais nada. Bruxaria, obra do demônio? Com certeza o demônio não faz o bem, ou faz para confundir os homens? Permita-me aqui, caro leitor, usar um exemplo bíblico? Trouxeram até Cristo um endemoninhado cego e mudo e ele o curou e este passou a falar e ver, mas os fariseus ouvindo isto diziam: Este não expulsa os demônios senão por Belzebu, príncipe dos demônios, Jesus Respondeu: Todo reino dividido contra si mesmo é devastado; e toda cidade, ou casa, dividida contra si mesma não subsistirá e se Satanás expulsa a Satanás está dividido contra si mesmo; como subsistirá pois o seu reino? (Mateus 12: 22 a 26). São sim, simplesmente técnica desconhecida que está desaparecendo. Estas Benzedeiras são cada vez mais raras. O interessante é que estas senhoras têm todas as mesmas características: pobres, semi ou totalmente sem cultura, mal sabem ler e escrever e não cobram pelo seu trabalho. Desdenhar ou julgar mal o que não se conhece é pura ignorância.

As práticas Xamânicas estão morrendo, sendo praticada seriamente por poucos em diversas regiões do mundo. A prática do Xamanismo Norte-Americano é altamente estudada no sul do Estado da Califórnia nos Estados Unidos da América, conheço no Brasil um defensor desta prática que estudou profundamente o Xamanismo no Instituto Esalen, em Big Sur, situado no sul da Califórnia, hoje residente no Rio de janeiro, trata-se de Carlos Sauer e sua esposa Norte-Americana que realizam tais práticas em uma Chácara. Quanto à prática do Xamanismo Brasileiro, a Pajelança, desconheço fontes de estudo a respeito, se isto não ocorrer, tende a desaparecer.

O Xamanismo Europeu:
- Druidas;
- Weledas.

Os Druidas

Na Inglaterra e países nórdicos, hoje em dia, existem diversas organizações druidisas ou célticas. O ingresso a elas é estritamente reservado, somente mediante convite, assim como algumas organizações secretas que conhecemos hoje em dia. O que caracterizava a sociedade celta do mundo europeu antigo era a presença dos druidas em classes diferentes de curandeiros, sacerdotes e tudo mais que se pode pensar. A antiga sociedade celta se dividia em três classes, sendo: O rei, os Druidas e os homens comuns, sendo os druidas superiores aos reis. O conhecimento druida vinha de universidades com especializações de profundo conhecimento, conhecimentos estes ocultos nos dias de hoje.

Entre os vários Druidas existiam os que se ocupavam exclusivamente da cura, eram chamados de Druidas-Liang. Seus estudos, antes de praticarem a cura, levavam em média 20 anos e tinham especializações entre si. O sistema de cura dos druidas consistia do emprego de ervas (fitoterapia), entre muitas outras práticas e até mesmo cirurgia em último caso. Não sei se verdade, mas documentos antigos afirmam que estes curandeiros praticavam em suas cirurgias o transplante de coração, prática esta que a medicina atual somente conseguiu iniciar há poucas décadas.

Os Druidas não foram uma lenda, existem fontes clássicas sobre os Druidas, entre eles o próprio Júlio César, o imperador romano, em sua obra De Bello Gallico (A Guerra da Gália), ainda outros autores clássicos como Plínio, Cícero, Tácito e Suetônio escreveram sobre eles, apesar de Roma apresentar os Druidas como bárbaros e supersticiosos, por considerarem povos inferiores e diziam que estes se preocupavam com assuntos de astronomia e da natureza e se recusavam terminantemente em colocar seus ensinamentos por escrito.

Dois Druidas. Baixo-relevo encontrado em Autun (uma comunidade francesa na região administrativa da Borgonha)

A obra de T.D. Kendrick "The Druids" afirma que até o surgimento do Império Romano, os Druidas eram homens e mulheres que gozavam de grande reputação, porém, com o surgimento do catolicismo perderam seu prestígio e passaram a ser perseguidos e conforme Peter Berresford Ellis em seu livro *"El Espíritu del mundo celta"* diz que este desprestígio ocorreu pelo fato de haver a necessidade de justificar a conquista e a dominação dos celtas e não por demérito dos Druidas. O que me faz desclassificar os Druidas como seres iluminados, que prezam em fazer o bem. É o trabalho moderno da arqueóloga e professora Miranda Alhouse-Green, da Universidade Cardiff, que confirma os autores clássicos e mostra que os Druidas realizavam sacrifícios humanos e até mesmo canibalismo, e que o alto escalão dos Druidas tinha participação crucial, neste caso os historiadores clássicos não estavam errados em considerá-los bárbaros e muito menos o catolicismo em combatê-los, porém, isto não desmerece seus conhecimentos da arte de curar.

As Weledas

Eram curandeiras célticas que guiavam seus seguidores no caminho do entendimento da natureza. A história narra que estas mulheres se encontravam em diversas regiões da Europa, tais como na França, Irlanda e principalmente na Alemanha. Elas também foram perseguidas com o surgimento do catolicismo. Tácito um historiador Romano diz que a última pessoa a se chamar Weleda foi uma sacerdotisa da cura e profetisa que viveu no início da era Cristã, vivendo próximo a um famoso santuário da época denominado Pedras de Extern, no alto do Rio Lipp, na Alemanha moderna, era de uma tribo denominada Brukturers, como no sul da Califória dos Estados Unidos da América onde os Xamãs curavam pessoas que vinham de muito longe, também pessoas vinham de longa distância para buscar conselhos, bênção para assuntos temporais, como também para a saúde. Tal era sua influência que várias tribos germânicas se uniram aos Brukturers sob sua influência, conseguindo expulsar os romanos, mas como o poderio militar romano era dominante conseguiu capturar Weleda até que a paz foi novamente restabelecida, não fizeram à ela mal ao levá-la prisioneira para Roma, pelo contrário, lá permaneceu honrada até 80 a.C., quando veio a falecer.

Não pode com ela, una-se a ela, foi o que Roma sabiamente fez.

Na África

O curandeirismo africano sempre foi motivo de desconfiança e medo, pelo fato destes personagens, os curandeiros africanos, serem portadores de conhecimentos milenares, tanto de cura como de pactos satânicos dominadores. Sempre foram temidos e respeitados na África antiga e mesmo atualmente. Um de meus genros fez uma missão de dois anos na África do Sul para a Igreja de Jesus Cristo dos Santos dos Últimos Dias, também conhecida como Igreja Mórmon, tendo com isso o privilégio de presenciar a força desses personagens e afirmou ser impressionante o conhecimento de magia e o poder destes senhores, podendo agir tanto para o bem como para o mal. Diz ele que tais feiticeiros dominam cobras altamente venenosas, induzindo-as aos lares para fazerem mal a seus moradores, conta um fato bizarro que foi publicado até mesmo em jornal local, onde um determinado caixeiro-viajante desconfiava da infidelidade de sua esposa e procurou um destes feiticeiros que deu a ele um canivete aberto e disse: – Leve o canivete aberto em suas viagens, quando sua mulher adulterar, o canivete se fechará automaticamente, dito e feito, o canivete fechou por si só, mais que rápido, o caixeiro-viajante retornou para casa, encontrando sua esposa e o amante grudados pela genitália num hospital local. Os médicos africanos conhecem a força destes homens e a temem, o próprio médico disse nada poder fazer porque se tratava de feitiçaria.

Ao chegar ao hospital disse a sua esposa: – Eu não falei que você estava me traindo? Tomou o canivete oferecido pelo feiticeiro em suas mãos que se encontrava fechado, assim que abriu o canivete, imediatamente o envergonhado casal se desgrudou, após períodos de horror e vergonha. Não estou inventando, foi fato verídico publicado em jornal. Não pensem vocês, caro leitor, que fatos estranhos como estes e outros mais são raros, pelo contrário, fazem parte do cotidiano do povo africano, ainda em pleno século XXI.

Se por um lado, estes praticantes da arte de vingança e grande capacidade de domínio do ser humano a ponto de produzir doenças, obsessões, loucura e até mesmo matar, por outro lado, também possuem o poder de cura através do conhecimento sobre a propriedade curativa de determinadas ervas e outras práticas estranhas milenares passadas de pai para filho e mantida escondida entre eles.

Parece que a ciência moderna está se voltando para o conhecimento fitoterápico destes senhores. Há pouco tempo recebi a informação que abaixo do Monte Quênia, no meio da vegetação em plena selva, estes curandeiros tradicionais surgem trazendo plantas e ervas usadas em seus curandeirismos, mas ao invés de prepará-las de forma rústica como sempre fizeram de geração em geração em suas cabanas, suas colheitas são fornecidas à ciência onde cientistas e botânicos em seus laboratórios as estudam para produção maciça de medicamentos usados para a cura de enfermos nos moldes do curandeirismo. Um mal há milênio resistente na África, a malária, está prestes a perder sua força destruidora com a doação do conhecimento destes curandeiros modernos associados ao conhecimento científico.

O conhecimento milenar fitoterápico associado à ciência moderna, sem medicamentos químicos com tantas contraindicações e efeitos colaterais é o caminho para um futuro melhor. A fauna amazônica também é repleta destas riquezas, basta que os cientistas e botânicos desçam de seu pedestal, humilhem-se e peçam instrução aos pajés amazonenses. A fitoterapia mais rica atualmente é a chinesa, com seus patenteados e ervas livres.

Curandeiro africano de Gâmbia

O Xamanismo da América do Norte

No Instituto Esalen, já mencionado anteriormente, da época da construção do balneário, encontraram diversos cestos com cadáveres dentro deles em posição de cócoras, com receio de divulgarem o achado, pelo simples fato de poder acabar se tornando um sítio arqueológico, destruindo a beleza natural do local, resolveram transferir estes corpos para outro local dentro do próprio Instituto secretamente. Carlos conta que este local era uma espécie de centro de cura de Xamãs, que no princípio da imigração para o oeste americano recebiam enfermos de todos os lugares, pertos ou distantes, a fim de serem curados, desde índios, mexicanos, americanos. A credibilidade que se dava a estes Xamãs era grande, devido seus conhecimentos da arte de curar. Acontece que muitos destes enfermos vinham de longe e se encontravam muito doentes em estado terminal, vindo a falecer e eram enterrados dentro destes cestos em posição de cócoras.

Na concepção Xamanita, tanto os índios norte-americanos como nas tribos siberianas, as doenças são causadas por fatores espirituais. A Antroposofia que comentaremos mais adiante, de certa forma, também pensa assim, sendo que a cura física só acontece quando o espírito é curado e uma forma de se livrar do mal físico são os rituais e encantamentos que são vistos como instrumentos para usar as forças curativas da natureza, ervas também são largamente usadas no processo de cura. Os rituais de cura podem durar horas ou até dias.

Xamã da América do Norte – Terapia do Animal Interior

Nos Estados Unidos da América, principalmente no Estado da Califórnia como disse anteriormente, existe um movimento que visa resgatar e manter vivo o xamanismo.

Muitos consideram o Xamanismo puro efeito placebo, apesar de não provarem cientificamente isso. A verdade é que placebo ou não, está provado que seus rituais curam certamente e, é isso que importa, sem métodos invasivos.

América do Sul e Central

Muitos rituais xamânicos realizados pelos nossos pajés são divulgados pela mídia e se assemelham muito com os dos índios norte-americanos. A Antropologia moderna estuda e divulga grandemente estes trabalhos. Em 1992, estive hospedado no Hotel Termas de Mossoró, no Rio Grande do Norte e banhando-me dentro de uma das piscinas de águas quentes naturais conheci outro hóspede residente em Manaus que, ao saber dos meus ideais naturalistas, começou a indagar-me, perguntando se conhecia esta ou aquela erva cipó ou planta que curava esta ou aquela doença (nomes totalmente desconhecidos para mim), disse que seu conhecimento de plantas curativas se deu através da amizade com um pajé do Amazonas, falou-me até de plantas que curam câncer. Perguntei a ele se não pretendia escrever um livro sobre estas plantas, respondeu-me que não tinha tal pretensão, que pena!

Pajelança dos índios brasileiros

O escritor e antropólogo mexicano Carlos Castanheda relata em seus livros publicados na década de 80 experiências realizadas por um xamã mexicano, várias experiências espirituais. Muitos fatos são conhecidos de cura através do xamanismo como o do naturalista Augusto Ruschi que foi envenenado por sapos do Amazonas e felizmente sobreviveu através de uma pajelança realizada.

Terapias Naturais Orientais e suas Subdivisões

Terapias Chinesas de Origem Taoista

Um discípulo perguntou a Lao-Tsé: – Mestre o que é o Tao? O mestre responde: – Um recipiente oco vazio e que transborda. Como algo oco e vazio pode transbordar se não tem nada dentro? Para o Tao é possível, vazio porque sempre cabe (a polaridade Yin). Transborda porque sempre preenche e doa (Yang). É o princípio da dualidade antagônica que se complementa, o positivo e o negativo, inseparáveis em nosso universo de pluralidades. Pode parecer complexo para o leigo o que acabo de dizer, porém, para entender e poder praticar a MTC – Medicina Tradicional Chinesa, medicina milenar de princípio energético, é preciso entender o Princípio Único, o Taoismo.

Dizem os chineses que o Tao emana energia para todo o macrocosmo e este se expande ordenadamente em equilíbrio, com movimentos harmoniosos e perfeitos, caso contrário, o Universo seria um imenso caos, com as matérias e energias se chocando, onde nada vivo e organizado poderia existir. A perfeita organização do Universo encontra respaldo na filosofia indiana onde a deusa Chiva, com vários braços e várias pernas (simbolizando movimento), representa a dança do Universo, Universo este com todos os seus meteoros, cometas, estrelas, galáxias, buracos negros e guasares cumprindo suas missões em perfeita harmonia nesta imensidão de pluralidades, onde nós simples mortais somos apenas um grãozinho de areia ou, melhor dizendo: Nosso sistema solar é um minúsculo grãozinho de areia.

A Dança do Universo da Deusa Chiva

Este recipiente enorme, oco, vazio e que transborda se localiza em um determinado local do espaço (dizem os Taoistas), emanando sua energia denominada chinglo pelos chineses ou Qui (Ki), pelos japoneses, para este nosso Universo de dualidades, dualidade esta antagônica, porém, complementar em todos os aspectos e níveis, esta dualidade é denominada Yin e Yang. Yin e Yang abundam por todo o macrocosmo, não existe partícula por menor que seja que não tenha o Yin e o Yang. Ambos não existem isoladamente uma vez que são polos da energia Chinglo ou Qui.

Neste universo de dualidades nada é neutro, tudo encerra polaridade como pode ser visto na tabela a seguir:

Tabela geral de Yin/yang

Exemplo de classificação segundo a Metafísica Yin/Yang

YIN	YANG
Energia interiorizada	Energia exteriorizada
Energia aprisionada, presa	Energia livre
Materialização	Desmaterialização
Peso – Queda	Leve – Ascensão
Enrolamento	Desenvolvimento
Circular (espiralado)	Alongado (espichado)
Introversão	Extroversão
Endotermia	Exotermia
Vida vegetativa	Vida ativa
Matéria – Carne	Energia – Espírito
Terra	Céu
Inércia	Dinamismo
Vegetais	Animais
Anabolismo	Catabolismo
Tosco	Delicado
Interior	Exterior
Flexão	Extensão
Baixo	Alto
Raiz	Folhas
Pesado	Leve
Grave	Agudo
Horizontal	Vertical
Frio na superfície	Quente na superfície
Umidade, Condensação, Tumefação	Secura, Evaporação, Retração
Noite	Dia
Obscuridade	Iluminação
Inverno – Primavera	Verão – Outono

YIN	YANG
Azul – Verde	Vermelho – Amarelo
Calma – Brandura	Violência – Agitação
Lentidão	Rapidez
Silêncio	Barulho
Água – Gelo	Fogo
Mar	Montanha
Lua	Sol
Próton	Elétron
Eletricidade Positiva	Eletricidade negativa
Hidrogênio	Oxigênio
Sangue azul	Sangue vermelho
Coração direito	Coração esquerdo
Cérebro direito	Cérebro esquerdo
Lado direito	Lado esquerdo
Suprarrenais – Rins	Energia nervosa
Sangue	Coração – Pulmões – Tireoide
Ventre	Cabeça
Secreção biliar endócrina	Biles
Alcalino	Ácido
Clorofila	Hemoglobina
Assimilação	Combustão
Gordura – reservas	Músculos
Parassimpático	Ortossimpático
K intracelular	K extracelular
Sono	Vigília
Inconsciente, intuição	Consciência – Razão
Face – Frente	Dorso – Atrás
Cálcio – Magnésio	Fósforo – Ferro
Mercúrio	Enxofre
Salgado	Amargo
NaCl	KCl
Gestação	Vida exterior
Óvulo	Espermatozoide
Fêmea	Macho

O símbolo da energia Chinglo ou Qui com sua dualidade: Yang representado por um feto de cor branca e o Yin representado por um feto de cor escura, ambos se encontram na mesma proporção, estão em harmonia. O Yang possui no seu interior um embrião Yin e o Yin também tem em seu interior um embrião Yang para que caso algum deles se expanda tentando sobrepujar o outro, graças aos embriões, haverá uma inversão para restaurar o equilíbrio.

A energia Qui deve fluir harmoniosamente dentro do homem para que ele seja saudável, caso contrário, esta energia se desequilibrando, haverá a doença do Qui.

Doença do "Qui"

Qualquer doença, física ou mental, implica estagnação de Qui no organismo. Um bloqueio e consequentes excessos e deficiências de energia, ao longo dos meridianos, rompem o equilíbrio energético à estrutura primária de todo o psicossomático com prejuízo para os sistemas funcionais que representam, caracterizando o primeiro estágio evolutivo da doença, funcional ou orgânica. A observação desses estados pré-clínicos – geralmente demasiado sutis para que sejam percebidos por exames médicos – oferece a possibilidade do tratamento equilibrante por processos preventivos que preservam a unidade psicossomática (para a vida se tornar possível como a conhecemos, a unidade teve que se transformar em dualidade: surgiu a ideia dos complementos contraditórios YIN/YANG, as duas expressões do Qui, fontes da concepção da vida dos orientais. Quando YIN e YANG estão em equilíbrio no corpo, o organismo harmoniza-se com o movimento do Universo).

"O que havia no céu, no começo era o Qui; na terra ele se fez visível pela forma; o Qui e a forma interatuam, dando nascimento a todas as coisas existentes." (Su Wen).

	YIN	YANG
	DEFICIÊNCIA DE ENERGIA	**EXCESSO DE ENERGIA**
	Doença Crônica	Doença Aguda
	Sonolência	Insônia
	Hipoestesia	Dor, Espasmo
	Flacidez	Contração
	Hipotensão	Hipertensão
	Suor Frio	Hipersecreção
	Inchação	Inflamação
	Obesidade	Magreza
	Paralisia	Convulsão
	Inatividade, Torpor	Hiperatividade
	Hipotonicidade da Pele	Hipertonicidade da Pele
	Pele úmida e fria	Pele seca e quente
	Olhar morto e opaco	Olhar vivo e claro
	Movimento lento	Movimento rápido
	Voz fraca, sem ressonância	Voz forte, rude
	Tristeza, depressão mental	Ansiedade, Mania
	Psicose	Neurose
ESTADO GERAL	Falta de Iniciativa	Hiperatividade
GRANDE ÁREA	Área volumosa; inchada, desproporcional.	Área Raquítica, Fina
ÁREA MENOR	Área fria, Insensível	Área Quente, Inflamada, Sensível
MERIDIANOS	**SINTOMAS ESPECÍFICOS**	

Compare, caro leitor, a semelhança entre o antagonismo do Yin e Yang e do sistema neurovegetativo simpático e parassimpático.

Antítese funcional do sistema neurovegetativo

	SIMPÁTICO	PARASSIMPÁTICO
CORAÇÃO	aumento do volume/minuto da contractilidade e da excitabilidade; taquicardia.	diminuição do volume/minuto, da contractilidade e da excitabilidade; bradicardia.
SISTEMA CIRCULATÓRIO	aumento da circulação pulmonar, da musculatura e das coronárias.	diminuição da circulação pulmonar e da musculatura e coronárias
PULMÕES	aumento do volume respiratório e da circulação sanguínea dos pulmões.	diminuição do volume respiratório e da circulação sanguínea dos pulmões
ESTÔMAGO	diminuição do tônus, inibição do peristaltismo	aumento do tônus, excitação do peristaltismo.
INTESTINOS	diminuição do tônus, inibição do peristaltismo	aumento do tônus, excitação do peristaltismo.
BEXIGA	retenção urinária	depleção urinária

A energia Qui flui pelo corpo humano de uma forma ordenada, permanecendo e agindo dentro de nós por vinte e quatro horas, sendo renovada pós este período conforme podemos observar na tabela do **Relógio Cósmico**.

A energia Qui penetra no meridiano dos **Pulmões** das três às cinco horas da manhã, horário em que os pulmões manifestam seu estado de equilíbrio ou desequilíbrio, passando pelo meridiano do **Intestino Grosso** das cinco horas às sete horas da madrugada, por esta razão, dizem os macrobióticos, o melhor horário para eliminar fezes dos intestinos é uma vez por dia e de manhã, isto quando temos uma alimentação equilibrada e saudável, continuando seu trajeto, das sete horas às nove horas é o meridiano do **Estômago** que entra em ação, portanto, este é o melhor horário para uma rica refeição, ou seja, a melhor refeição do dia. Existe um ditado inglês que diz: – "De manhã, coma como um rei, à tarde, lanche como um príncipe e, a noite, coma como um plebeu", este é o segredo de um viver saudável, geralmente, fazemos o contrário, de manhã saímos de casa com um cafezinho, almoçamos sanduíches e à noite nos empanturramos. Em seguida, a energia vital se encontra em atividade máxima das nove horas às onze horas no meridiano do **Baço** e do **Pâncreas** com suas funções específicas de equilibrar e manter o sangue nos vasos sanguíneos sem extravasar e também com sua reserva de glicogênio (este meridiano tem ação sobre os dois órgãos, o **Baço** e o **Pâncreas**), das onze horas às treze horas é o meridiano do **Coração** que se encontra em atividade máxima, sendo o horário em que o estado do coração se manifesta, por equilíbrio ou excesso ou deficiência do órgão, sendo o horário mais propício a problemas cardíacos. No horário das treze horas até quinze horas, o meridiano do **Intestino Delgado** é que está com maior caudal energético com sua capacidade de separar o puro do impuro, seja materialmente ou psiquicamente, continuando sua trajetória de vinte e quatro horas, a energia vital, denominada energia Qui se dirige em seguida, das quinze às dezessete horas, para o meridiano da **Bexiga** que ruma das dezessete horas até as dezenove horas para o meridiano dos **Rins** e depois, das dezenove horas até vinte e uma horas, parte em seu maior caudal para o meridiano do **Pericárdio** com sua ação sobre esta membrana, o pericárdio, e também sobre os hormônios da sexualidade e a massa humoral, hormonal e imunológica. A incansável energia Qui se dirige agora, das vinte e uma hora até as vinte e três horas, para o Meridiano **Sanjiao** que responde pelas três fases do metabolismo, o Jiao superior com a energia tolhida da troca respiratória e do batimento cardíaco, o Jiao médio colhe a energia produzida nos intestinos pela absorção dos alimentos e o Jiao inferior a energia colhida dos hormônios da sexualidade. Das vinte e três horas até uma hora da madrugada, quem está em atividade máxima é o meridiano da **Vesícula Biliar**, denominado o meridiano dos hipocondríacos e, por fim, cumprindo sua missão, já em sua trajetória final, a energia vital Qui se dirige para o meridiano do **Fígado** da uma hora até as três horas da manhã. Aqui, então, a energia Qui cumpriu sua missão de vinte e quatro horas, devendo retirar-se para que o meridiano dos **Pulmões** possa realizar sua função de receptor e distribuidor de energia pelo corpo humano e é auxiliado pelo meridiano do **Intestino Grosso** que é o grande eliminador, com sua capacidade de eliminar tanto resíduos pesados como a sutil energia vital caso esta permaneça estagnada dentro do homem após cumprir seu trajeto de vinte e quatro horas, se isso acontecer, o homem adoecerá pela estagnação. Todas as três horas da manhã, ao respirar pela primeira vez na vida, até o último suspiro ao morrer, o meridiano dos **Pulmões** realizará esta tarefa de renovar a energia vital dentro do homem e fazer com que esta continue trabalhando. Interessante não? Como é que os chineses há cinco mil anos conheceram esta grande verdade? Como descobriram? Quais foram suas fontes de informação se (como dizem os historiadores), os povos primitivos não dispunham de tecnologia científica como hoje? Como hoje? Hoje com todos os avanços da ciência não temos tecnologia para provar a existência sequer do meridiano **Sanjiao** que é uma víscera! Víscera? Que víscera é essa? Ao dissecarmos um cadáver não vemos nenhum Sanjiao! Isto é invenção de chineses, dizem os céticos. Acontece que esta víscera transporta a energia colhida pelos três Jiaos já mencionados anteriormente, portanto, dentro deste "tubo" não pode passar mais nada além desta energia, assim como os meridianos que falaremos mais adiante, é claro que seu diâmetro deve ser bem pequeno para que nenhum líquido passe dentro dele, portanto, é invisível a olho nu, por ser menor que um glóbulo vermelho de sangue, que tem em média sete micrômetros de diâmetro. A víscera Sanjiao é real, e não cabe nem mesmo um glóbulo vermelho dentro dela, pois tem um micrômetro de diâmetro apenas, portanto, invisível a olho nu e mesmo com microscópio, uma vez que, por transportar apenas energia, é transparente.

Não, caro leitor, nossa evolução científica, com toda tecnologia ainda não pode detectar os meridianos chineses e o Sanjiao, temos apenas que viver pela fé, isto é, acreditar que eles existem até que tenhamos condição de provar sua existência.

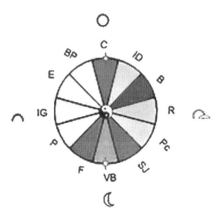

O Relógio Cósmico ou a Lei do Meio-Dia/Meia-Noite

Os Meridianos Chineses

Acabamos de ler que, em vinte e quatro horas, a energia vital percorre doze Meridianos, também conhecidos como Canais de Energia, pois em cada duas horas cada um deles tem suas atividades repletas desta energia, podendo manifestar em maior escala seu quadro patológico. Estes Meridianos são pares e simétricos, isto é, transitam de um lado do corpo e também do outro lado igualmente. Estes doze meridianos são:

Seis de predominância Yin, isto é, a polaridade da energia Qui Yin se encontra mais ativa para agir sobre estes seis meridianos que respondem por sete órgãos internos, são eles:

- O Meridiano dos Pulmões;
- O Meridiano do Baço e do Pâncreas;
- O Meridiano do Coração;
- O Meridiano dos Rins;
- O Meridiano do Pericárdio; e
- O Meridiano do Fígado.

Eles aqui foram colocados na ordem do relógio cósmico.

Os outros seis são de predominância Yang, que são vísceras, e estão colocados aqui também na ordem do relógio cósmico comentado anteriormente:

- Meridiano do Intestino Grosso;
- Meridiano do Estômago;
- Meridiano do Intestino Delgado;
- Meridiano da Bexiga;
- Meridiano do Triplo Aquecedor; e
- Meridiano da Vesícula Biliar.

Além destes doze Meridianos, existem outros oito, sendo dois deles ímpares, pois seus trajetos é o centro do corpo, os outros seis não possuem pontos próprios, usam pontos de outros meridianos, formando um novo trajeto (pontos são regiões nos meridianos por onde a energia vital entra ou sai, são também chamados de "cavernas", porque ligam o exterior com os canais, é através deles que tratamos todas as doenças, contanto que não sejam lesões irreversíveis, sejam psíquicas ou somáticas). Estes meridianos extras são chamados de Vasos Maravilhosos e fazem jus ao nome pela propriedade curativa.

Os dois que possuem pontos próprios são um predominantemente Yin e outro predominantemente Yang, são eles o Ren Mo e o Tu Mai ou Tu Mo.

O Ren Mo que é predominantemente Yin passa na frente do corpo, seu trajeto inicia-se no períneo, passa pelo centro do corpo e termina abaixo do lábio inferior na boca, possui 24 pontos ou "cavernas", por onde sua energia entra e sai.

O Tu Mo ou Tu Mai é predominantemente Yang, principia entre o ânus e o cóccix, passando pelas costas sobre a coluna vertebral, sobe pelo centro da cabeça e termina no freio labial superior, com 28 pontos ou cavernas. Alguns autores dão 30 pontos a ele.

Os outros seis que não possuem pontos próprios, mas emprestam pontos dos meridianos da grande circulação de energia para formar seus trajetos são:

Três de predominância Yin:
- Tchong Mai ou Chong Mai ou Chong Mo ou Tchong Mo que em português significa Canal vital de Yin;
- Yin Chiao Mai ou Yin Tsiao Mo ou Yin Qiao Mo ou Yin Keo que em português denomina-se Canal de Motilidade Yin (Chiao significa agilidade); e o terceiro meridiano de predominância Yin é o
- Yin Wei Mais ou Yin Wei Mo ou Yin Oé que é o Canal Regulador de Yin.

Os três de predominância Yang são:
- Daí Mai ou Daí Mo ou Tae Mo que é o Canal da Cintura Yang em português.
- Yang Chiao Mai ou Yang Tsiao Mo ou Yang Qiao Mo ou Yang Keo. Em português denominado Canal de Motilidade Yang; e, por fim,
- Yang Wei Mai ou Yang Wei Mo ou Yang Oé, conhecido por nós como Canal Regulador de Yang.

Não pretendo aqui detalhar ou aprofundar-me no assunto, uma vez que o estudo dos Meridianos e Pontos é muito profundo e este não é o objetivo deste livro, mas sim dar uma ideia da maravilha que é a MTC – Medicina Tradicional Chinesa com seus conhecimentos milenares.

O que nos intriga é o fato de não sabermos como este povo milenar adquiriu estes conhecimentos que são úteis até hoje. Em pleno século XXI com todo avanço da ciência não temos como detectar a existência dos Meridianos. É um legado deixado pelos chineses através dos tempos. A Unicamp tem realizado estudos a respeito do efeito da Acupuntura sobre as cefaleias e enxaquecas e tem tido bons resultados, já estudiosos de outros continentes, através de estudos, afirmam que a Acupuntura não passa de efeito placebo. Em meus quarenta anos de profissão tenho observado maravilhas ocorrerem através da MTC, onde muitos casos não resolvidos com a Medicina convencional obtiveram resposta rápida através da MTC e o mesmo acontecia nos ambulatórios da escola ETAME, na cidade de Campinas, no Estado de São Paulo.

Voltando aos Meridianos, cada qual tem um número determinado de pontos subcutâneos dentro do seu trajeto e cada qual quando obstruído tem a propriedade de produzir distúrbios tanto psíquicos como somáticos, cujo tratamento consiste em sua desobstrução através de estímulos os mais diversos. Cada meridiano da Grande Circulação de Energia tem os chamados Pontos de Comando, que são cinco. São eles:

- Ponto de Tonificação – Este ponto tem a propriedade de tonificar o Meridiano se este estiver com deficiência de Energia;
- Ponto de Sedação – Tem a propriedade de sedar o Meridiano quando este se encontra com deficiência de energia;
- Ponto de Alarma, situado na região anterior do tronco, tem a propriedade de informar se o meridiano se encontra com excesso ou deficiência de energia, serve para confirmar o diagnóstico;
- Ponto Fonte ou Origem trás força extraída do Shen dos rins, tanto seda como tonifica o meridiano;
- Pontos de Assentimento, situados nas costas no Meridiano da Bexiga, usados para tratar doenças crônicas ou disfunção de caráter ocasionada por doenças prolongadas demais.

Outra coisa deslumbrante dentro da MTC é a precisão diagnóstica, me desculpe a ciência moderna com todos os diagnósticos clínicos modernos e seus exames laboratoriais sofisticados que, diga-se de passagem, são maravilhosos, precisos e cada vez descobre-se técnicas mais avançadas, mas o diagnóstico milenar chinês é infalível. Por ser detalhista e exigir muita atenção, depende muito do profissional, o diagnóstico por si só é infalível, sujeito a erros são os que dele se utilizam, vejamos quais são estes diagnósticos:

- A Teoria do Wu Xing ou Cinco Movimentos proporciona um diagnóstico claro quando bem estudado do estado geral do paciente, definindo as implicações das doenças. É interessante que a teoria Wu Xing pode ser aplicada em qualquer atividade humana como, por exemplo, geologia, matemática, estatística, ecologia, agronomia e também como podemos observar, na saúde. A seguir, transcrevemos o quadro dos Cinco Movimentos para que o leigo tenha uma pequena ideia deste diagnóstico maravilhoso:

TRANSFORMAÇÃO:	MADEIRA	FOGO	TERRA	METAL	ÁGUA
MERIDIANO YIN	Fígado	Coração	Baço-Pâncreas	Pulmões	Rins
NÚMERO DE PONTOS	F14/VB44	C9/ID19	BP21/E45	P11/IG20	R27/B67
PLANO MENTAL	Planificação Criação Julgamento Decisões	Sabedoria Regência Separação Puro/Impuro	Desenvolvimento Intelectual Digestão Física/Mental	Controle do KI Ordem Eliminação Mudanças	Controle da Água Movimento Eliminação
EMOÇÃO	Raiva	Alegria	Preocupação	Mágoa	Medo
EXPRESSÃO	Grito	Riso	Canto	Choro	Gemido
ATITUDE	Controle	Compaixão	Arroto	Tosse	Tremor
TEMPERAMENTO ASSOCIADO NEGATIVO	Descontrole Descontente	Emotivo Ansioso	Obcecado e Desconfiado	Angustiado Intolerante	Medroso e Covarde
TEMPERAMENTO ASSOCIADO POSITIVO	Pacífico e Sereno	Tranquilo e Seguro	Compreensivo Percepção Intelectual	Feliz e Bem--Humorado	Confiante Corajoso
ESTÁGIO FISIOLÓGICO	Nascimento	Crescimento	Puberdade	Maturidade	Velhice
ENERGIA DINÂMICA	Sangue	Psíquica	Física	Vital	Vontade
PERSONALIDADE	Trabalhador	Ativo	Calmo	Simples	Movimentado
ESTAÇÃO	Primavera	Verão	Alto verão	Outono	Inverno
TURNO	Manhã	Meio-dia		Tarde	Noite
CONDIÇÃO ADVERSA	Vento	Calor	Úmido	Seco	Frio
SENTIDO	Visão	Fala	Paladar	Olfato	Audição
REPRESENTANTE EXTERIOR	Olhos	Lingua	Boca	Nariz	Ouvido
NUTRE	Músculos Tendões	Vasos Sanguíneos	Tecido Adiposo	Tecido Epitelial	Ossos
INDICADOR	Unhas	Tez	Lábios	Pelos	Cabelos
HUMOR	Lágrimas	Suor	Saliva	Muco	Urina
ODOR	Rançoso	Acre	Perfumado	Carnoso	Pútrido
COR	Verde/Azul	Vermelho	Amarelo	Branco	Preto
SABOR	Azedo	Amargo	Doce	Picante	Salgado
ANULA EXCESSO	Picante	Salgado	Azedo	Amargo	Doce
BENEFÍCIO NA DOENÇA	Doce	Azedo	Salgado	Amargo	Picante
ESFORÇO	Ocular	Caminhar	Sentado	Deitado	De Pé
PLANETA	Júpiter	Marte	Saturno	Vênus	Mercúrio
CEREAL	Trigo	Milho	Centeio	Arroz	Feijão
VEGETAL	Alho-porro	Cebolinha	Malva	Cebola	Verdura
CARNE	Frango	Carneiro	Boi	Cavalo	Porco

A Teoria dos Cinco Movimentos carece de um estudo profundo por parte do Terapeuta uma vez que constitui a base da Teoria da MTC. Nós ocidentais a conhecemos como "Cinco Elementos" que nos remete a ideia de substâncias fundamentais, passivas sem movimento, fugindo totalmente da ideia original chinesa que diz serem os "Cinco Movimentos" cinco propriedades dinâmicas que se inter-relacionam, se modificam e seguem um ciclo permanente de harmonia no macro e microcosmo. Os gregos antigos, tais como Aristóteles, Platão, Epédocles, deram uma interpretação dinâmica definitiva para os quatro elementos, os quais comprovam a falta de uma visão unificada.

A teoria dos Cinco Elementos não foi aplicada à Medicina Chinesa através de todo o seu desenvolvimento histórico, mas sua popularidade cresceu e diminuiu através dos séculos. Durante o período de Guerra dos Estados, ela se tornou imensamente popular e foi aplicada na medicina, astrologia, ciências naturais, calendário, música e mesmo na política. A sua popularidade foi tal, que a maior parte dos fenômenos foi classificada em cinco partes. Todavia, a crítica apareceu tão logo no início do século I. O grande filósofo cético Wang Chong (27-97 d.C.) criticou a Teoria dos Cinco Movimentos como muito rígida para interpretar todos os fenômenos da natureza. Ele disse: "O galo pertence ao Metal e a lebre pertence à Madeira: se o Metal de fato domina a Madeira, porque o galo não devora a lebre?".

A partir de então a Teoria das cinco Transformações sofreu altos e baixos, dependendo da atitude médica da dinastia reinante.

Desde a primeira referência registrada sobre o assunto em 476-221 a.C. até os tempos modernos, a teoria dos Cinco Elementos é, sem sombra de dúvidas, uma ferramenta indispensável para o terapeuta.

Cinco Elementos como qualidades básicas

Os cinco elementos são: Água, Fogo, Madeira, Metal e Terra.
- Água: umedece em descendência;
- Fogo: chameja em ascendência;
- Madeira: pode ser dobrada e esticada;
- Metal: pode ser moldado e endurecido; e
- Terra: permite a disseminação, o crescimento e a colheita.

- Aquilo que absorve e descende (Água) é salgado;
- O que chameja em ascendência (Fogo) é Amargo;
- O que pode ser dobrado e esticado (Madeira) é Azedo;
- O que pode ser moldado e enrijecido (Metal) é Picante; e
- O que permite disseminar, crescer e colher (Terra) é Doce.

Cinco Elementos como movimentos

- Madeira – movimento expansivo e exterior em todas as direções;
- Metal – movimento contraído e interior;
- Água – movimento descendente;
- Fogo – movimento ascendente; e
- Terra – neutralidade ou estabilidade.

Cinco Elementos como Estágios de um ciclo sazonal

- Madeira – Primavera, sendo associada ao nascimento;
- Fogo – Verão, associado ao crescimento;
- Metal – Outono, associado à colheita;
- Água – Inverno, associada ao armazenamento; e
- Terra – corresponde à estação anterior, associada à transformação.

Obs.: A Terra é centro, portanto, não corresponde a nenhuma estação. A Terra é neutro. O termo neutro se refere ao redor do qual as estações e os outros elementos giram.

O *Classic of Categories* (1624), de Zhang Jie Bing, diz: "O Baço (Pi) pertençe à terra, a qual pertençe ao Centro, cuja influência se manifesta por 18 dias até o fim de cada uma das quatro estações, e não pertençe a nenhuma estação". O *Discussion of Prescriptions fron the golden Chest* (220 d.C.), de Zhang Jing, diz: "Durante o último período de cada estação, o Baço (Pi) é forte o suficiente para resistir aos fatores patogênicos". Dessa maneira, no ciclo das estações, a Terra corresponde de fato ao estágio anterior de cada estação. Em outras palavras, ao fim de cada estação, as energias celestiais retornam à Terra para serem reabastecidas. Nos livros ocidentais, a terra está frequentemente associada ao "Verão Anterior" ou "Verão Indiano". Seria correto dizer que a terra corresponde ao "Verão Anterior", mas também corresponde ao "Inverno Anterior", "Primavera Anterior" e "Outono Anterior".

Sequência da Geração

A sequência da Geração também pode causar os estados patológicos quando estiver em desequilíbrio. Há duas possibilidades:

a) A Mãe-Elemento não está nutrindo o Filho-Elemento.
b) O Filho-Elemento consome muito da Mãe-Elemento.

O Fígado (Gan) (Mãe) afetando o Coração (Xin) (Filho) – Isto acontece quando o Fígado (Gan) falhar ao nutrir o Coração (Xin). Especificamente, quando o Sangue (Xue) do Fígado (Gan) for deficiente, frequentemente afeta o Sangue (Xue) do Coração (Xin), o qual se torna deficiente, podendo ocorrer sintomas de palpitação e insônia. Há outro modo particular pelo qual a Madeira afeta o Fogo, sendo este o caminho pelo qual a Vesícula Biliar (Dan) afeta o Coração (Xin). Isto acontece em um nível psicológico. A Vesícula Biliar (Dan) controla a capacidade de tomar decisões, não tanto no sentido de distinguir e avaliar o que é certo ou errado, mas no sentido de ter coragem para tomar uma decisão. Assim, diz-se na MTC que uma Vesícula Biliar (Dan) forte faz coragem.

Este traço psicológico da Vesícula Biliar (Dan) influencia o Coração (Xin), assim como a Mente (abrigada pelo Coração (Xin) necessita do suporte de um objetivo forte e coragem fornecidos por uma Vesícula Biliar (Dan) forte. Neste sentido, uma Vesícula Biliar (Dan) deficiente pode afetar a Mente [do Coração (Xin)] causando debilidade emocional, timidez e insegurança.

O Coração (Xin) (filho) afetando o Fígado (Gan) (Mãe) – Se o Sangue (Xue) do Coração (Xin) for deficiente, pode levar a uma Deficiência generalizada do Sangue (Xue), que afetará o estoque de Sangue (Xue) do Fígado (Gan). Isto causaria sintomas de menstruação escassa ou amenorreia.

O Coração (Xin) (Mãe) afetando o Baço (Pi) (Filho) – A Mente do Coração (Xin) necessita suportar as faculdades mentais e a capacidade de concentração que pertence ao Baço (Pi). Outro aspecto deste relacionamento está na Deficiência do Fogo do Coração (Xin) que, sendo incapaz de aquecer o Yang do Baço (Pi), pode provocar sensação de frio e diarreia. Finalmente, todavia, o Fogo fisiológico do Coração (Xin) é em si mesmo derivado do Yang do Rim (Shen), e assim por diante.

Além dos Cinco Movimentos existem ainda os Quatro Métodos de Diagnóstico que servem para confirmar e dar exatidão ao diagnóstico dos

Cinco Movimentos, isto porque nem todo mal pode ser detectado facilmente pelo diagnóstico dos Cinco Movimentos, estes são os males que se apresentam de forma camuflada confundindo o profissional, provenientes de vários fatores, tais como:

1. O simples fato de ainda não estar enraizado ou definitivamente prefixado bioenergeticamente;
2. O uso contínuo de certos medicamentos pode mascarar o mal, dificultando o diagnóstico pelos Cinco Movimentos;
3. O estresse ou um quadro emocional cujo paciente não queira revelar a verdade ao profissional;
4. Hábitos alimentares, interferência do meio ambiente, energias nocivas etc.

Os quatro métodos diagnósticos são:

Inspeção: Na inspeção, o Terapeuta observa as mudanças de cor e forma em todo o corpo ou parte dele. Inspecionar é a arte de observar atentamente, detalhe por detalhe! Procurar o que não é visível, mas sutilmente perceptível.

Na medicina Chinesa inspeciona-se a **expressão** que é a manifestação externa de todas as atividades vitais do corpo humano e também das atividades mentais, as expressões se subdividem em: Expressão Viva, Expressão Perdida e Expressão Falsa. Inspeciona-se também a **Cor** que se refere à cor e ao brilho do rosto. Como o sangue e a energia dos doze canais de energia principais e os 365 colaterais chegam ao rosto, a cor e o brilho deste constituem as manifestações externas do estado energético do sangue e da energia dos órgãos e das Vísceras. Estudo realizado através dos milênios concretizou o relacionamento entre as mais diversas regiões do corpo com a cor do rosto conforme indicamos a seguir: A testa reflete o coração, o queixo reflete os rins, a região nasal reflete o pâncreas, a bochecha esquerda reflete o fígado, a bochecha direita reflete o estado dos pulmões. Com isso concluímos que a cor do rosto serve como diagnóstico e, sem dúvida, é preciso que o profissional tenha um alto tino de observação e isso, sem sombra de dúvida, vai depender de muito treino, e só para dar uma ideia, vejam como a inspeção da simples ponta do nariz nos informa muita coisa: Ponta do nariz de cor verde-preto indica que o paciente sente fortes dores no corpo, se, por outro lado, a ponta do nariz se encontra amarelo-avermelhada é sinal de febre e distúrbio circulatório, mas se esta se encontra com uma cor branca é indício que o paciente se encontra hipotenso e com baixa temperatura. Temos ainda a inspeção da **forma do corpo**, aqui se observa se o paciente é forte ou fraco ou magro ou gordo. Em geral, a aparência do corpo humano é determinada pelas funções dos órgãos internos; se estes funcionam bem, aquela está forte ou vice-versa. A **postura** também é observada, isto porque a postura corporal e os movimentos do paciente são manifestações externas das alterações patológicas. Ainda deve-se inspecionar o corpo por região como a **Inspeção da cabeça e dos cabelos, Inspeção dos olhos, Inspeção das orelhas, Inspeção do nariz** e **Inspeção dos lábios, dos dentes e da garganta**. Inspeciona-se também a **Pele** com suas manchas e erupções e ainda inspeciona-se também a **Língua**, porque como dizem os chineses "A língua é o broto da Energia do Coração e é a manifestação exterior do baço e do pâncreas". Na língua se inspeciona o revestimento desta e o corpo. Médicos de várias dinastias chinesas ressaltavam a importância de se observar a língua como diagnóstico. Zhenjiazhijue diz: "Ao examinar a língua deve-se diferenciar o corpo da língua e da saburra. Ainda que a saburra seja má, se a língua é normal, apenas indica a perturbação da Energia do Estômago". Xingse Waizhen Jianmuo explica: "A saburra de qualquer cor indica ainda doenças fáceis de se curar, mas se a cor do corpo muda, é necessário examiná-la com cuidado, ou seja, é necessário distinguir a língua viva da língua morta". Na inspeção da língua se observa a cor da língua, a forma da língua e os movimentos da língua, observa-se também o revestimento da língua, como a cor da saburra e a qualidade da saburra. Na inspeção da língua o terapeuta avalia as condições dos fatores de resistência, a profundidade da afecção, a natureza do fator patogênico e até mesmo a evolução da doença.

Existe ainda uma inspeção um tanto desagradável, trata-se da inspeção das excreções, que são o escarro, o vômito, a urina, as fezes, as lágrimas, os mucos, a leucorreia, entre outros. De um modo geral, as excreções servem para indicar o tipo de síndrome, se é do calor ou do frio.

Em crianças, inspeciona-se a circulação venosa digital da mão onde observa-se principalmente a cor, a extensão e o estado, procede-se segurando com os dedos indicador e médio da mão esquerda a base do dedo indicador da criança e com o polegar da mão direita desliza com força mediana da ponta do dedo à base pela face palmar do dedo indicador da criança, para expor com clareza a veia.

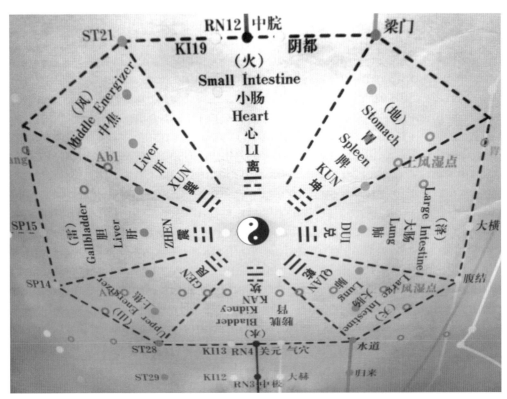

Mapa de Acupuntura Abdominal Baguá e Cinco Elementos

Diagnóstico pela **Auscultação e olfação**: Observa-se a voz e suas alterações, o cheiro do corpo do paciente e complementa-se com um detalhado interrogatório ao paciente e, caso achar necessário, também os familiares. Um repertório detalhado para conhecer o início e o processo evolutivo da enfermidade onde se pode obter os sintomas e outros fatores relacionados com a doença.

Diagnóstico pela **Palpação**: Temos a palpação abdominal, a das zonas reflexológicas que são os pés, as orelhas e os pontos de alarma já mencionados anteriormente, porém, o diagnóstico de palpação que exige muita prática e atenção do terapeuta é a Esfigmologia ou a tomada de pulso. O terapeuta que dominar bem esta técnica terá um diagnóstico perfeito, porém, muitos o ignoram devido sua complexidade. O Diagnóstico do pulso (Esfigmologia) tem sua importância na Medicina Chinesa porque fornece informações detalhadas sobre o estado dos Sistemas Internos, além de refletir o complexo geral da energia Qi ou Ki e do sangue (Xue). O pulso pode ser visto como uma manifestação clínica, como qualquer outro sinal, como sede, insônia ou rubor facial. A diferença importante consiste no fato de que, além de fornecer determinadas informações específicas, o pulso também reflete o organismo como um todo, o estado, do sangue (Xue), ou do Qi ou Ki e do Yin, dos sistemas Yin e Yang de todas as partes do organismo e até mesmo da constituição da pessoa. A língua pode refletir estes fenômenos também, mas de uma forma menos intensa.

Bem, como podem ver a Medicina Tradicional Chinesa (MTC) é maravilhosa, rica em detalhes e porque não dizer completa. Aqui caro leitor, apresentamos uma partícula mínima de sua ciência milenar, mas creio ter dado uma ideia do que realmente é. A China tem sobrevivido cinco mil anos com esta medicina que teve tempos de altos e baixos, porém, sobreviveu aos tempos modernos e continua desafiando a ciência moderna.

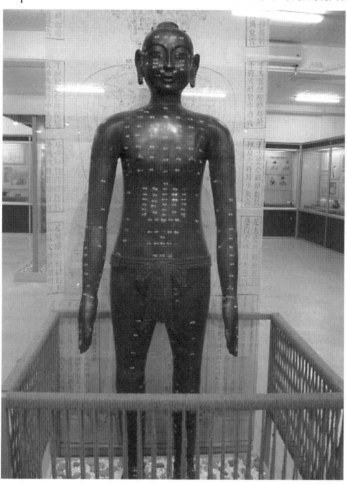

Antigo boneco chinês de bronze contendo os pontos acupunturais para estudo

A Medicina Chinesa e suas Técnicas Terapêuticas

A ideia que o leigo geralmente tem sobre a medicina chinesa é que a acupuntura é o seu único tratamento. A acupuntura é um dos muitos recursos utilizados pela medicina chinesa, vamos descrever abaixo os principais:

A Acupuntura

A palavra Acupuntura (acupunctura), vem do latim: *Acus*, agulha e *Punctura*: espetar, em chinês se chama *Tai Chien Tseng* que quer dizer espetar uma agulha de ouro. O tratamento por acupuntura consiste em inserir uma agulha metálica de corpo longo e ponta fina em determinados lugares do corpo humano denominados "pontos", já apresentados anteriormente. No local onde foi inserida a agulha, o profissional executa certos meios de manipulação da agulha para produzir sensações no paciente que podem ser desde intumescimento, distensão ou uma sensação de peso com o objetivo de tratar uma doença ou eliminar uma dor. A história nos diz que em tempos antigos, antes da descoberta dos metais usavam-se no lugar das agulhas metálicas, pedras finas com pontas, ossos, bambus ou barro cozido. Com o advento da metalurgia surgiram agulhas de diferentes metais como ferro, ouro, prata. Agulhas de ouro serviam para tonificar e as de prata para sedar, hoje em dia temos agulhas de metais de excelente qualidade, muito finas e de fácil manejo, tão flexíveis que não correm o risco de quebrarem dentro do paciente. Na China antiga se conhecia nove agulhas, fabricadas em nove formas distintas, segundo os diferentes usos, são elas: *Chan*, para puncionar superficialmente a pele, *Yuan*, com uma cabeça redonda para aplicar massagens, *Chi*, para pressionar, *Feng*, para sangrar, *Pi*, para extrair pus, *Yuanli* com corpo redondo e ponta aguda para emergências, *Filiforme* de amplo uso, *Longa* para inserir profundamente nas regiões de muita musculatura e *Grande*, para tratar doenças das articulações.

A Acupuntura tem por finalidade buscar restabelecer o perfeito equilíbrio na fluência das duas forças componentes da energia Qi ou Ki, o Yin e o Yang, promovendo o que chamamos de saúde, portanto, o tratamento por acupuntura visa conservar a saúde perfeita por muito tempo evitando doenças e curar doenças já instaladas no organismo, corrigindo as falhas de perfeita fluência, obtendo o equilíbrio das forças de Yin e Yang. A Acupuntura se propõe a curar principalmente as algias, os distúrbios funcionais ou fisiológicos, inclusive doenças mentais, por outro lado, a Acupuntura não é milagreira, ela não cura doenças que produzem lesões irreversíveis nos tecidos, tais como paralisia cerebral produzida por tumores, hemorragia, esclerose ou qualquer paralisia oriunda de lesões do sistema nervoso, Infarto do miocárdio, cirrose hepática, nefrose, pielonefrite crônica, tuberculose avançada, silicose pulmonar, câncer, litíase renal ou vesicular, osteoartrite, catarata já formada, neoplasias, infecções específicas, endocrinopatias, lesões ocasionadas por cirurgias mutiladoras, todas as alterações anatômicas que não sejam consequência de mau funcionamento fisiológico.

A Acupuntura é subdividida em:

Acupuntura sistêmica: aqui as agulhas são colocadas em qualquer parte do corpo nos pontos dos trajetos dos meridianos, após minuciosa anamnese.

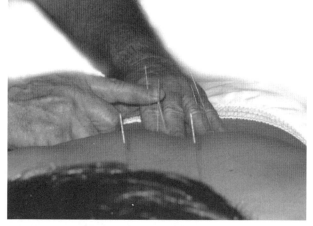

Aplicação de Acupuntura Sistêmica na região dorsal, utilizando uma mandria para direcionar a agulha e controlar a profundidade da inserção

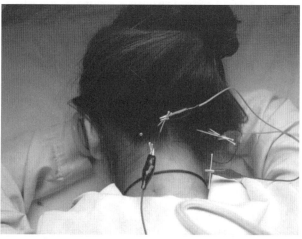

Aplicação de Agulha com estímulo elétrico

Acupuntura Auricular: partindo do princípio que o pavilhão auricular tem o formato de um feto invertido, tendo nele a representação de todo o corpo humano, por dentro e por fora, pode-se tratar através dele as mais diversas doenças e dores, pode-se também tratar distúrbios emocionais e também amenizar estresse. O tratamento consiste em colocar umas "taxinhas", agulhas de implante que podem permanecer até uma semana se não houver rejeição, mas também se pode colocar sementinha de mostarda no lugar das taxinhas que devem ser estimuladas com pressão pelo próprio paciente pelo menos três vezes ao dia, mesmo estando sensíveis ao toque.

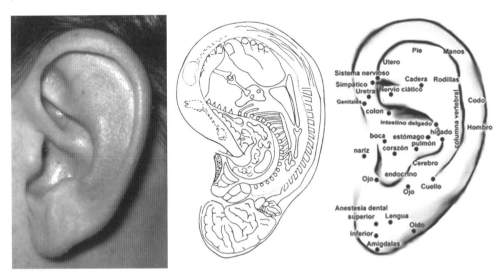

A semelhança do pavilhão auricular com um feto de cabeça para baixo

A história da terapia auricular é muito antiga. Atualmente, o que temos são escritas antigas se referindo a ela. A Terapia Auricular, também chamada de Auriculopuntura é mencionada no Nei Ching (Su Wen e Ling Shu) escrito há 5.000 anos na China, e em todos os clássicos antigos do extremo oriente. Já no século 27 a.C., na China, fazia-se menção do tratamento auricular através de agulhas, associado ao tratamento pela acupuntura sistêmica. Em 1572 foi publicada na China uma obra sobre Acupuntura, onde se mencionava as relações entre os Meridianos Chineses e a orelha, esta considerada como centro de reunião dos Meridianos e onde é mais intensa a relação "Meridianos Chineses/Órgãos. É histórico o relato que as mulheres do antigo Egito usavam pontos auriculares como forma de anticoncepcional, isto pelo século 2500 a.C, dito pelo Egiptólogo Alexandre Varilla. Os brincos de ouro dos antigos piratas eram usados para melhorar a acuidade visual (os brincos eram colocados na orelha esquerda no ponto "olhos" e eram de ouro para tonificar). O ouro tonifica e a prata seda. Os escritos de Hipócrates sobre a Geração, parágrafo 2, tradução de Litfrée datado de 1851 dizem que as incisões realizadas no pavilhão auricular do homem produziam ejaculações escassas, inativas e infecundas, em outro livro, ele dizia que os Escitas picavam uma veia no dorso auricular para curar a impotência masculina. No "O Livro das Epidemias", também de Hipócrates, encontramos uma indicação para o tratamento de processos inflamatórios através de punção com estiletes nos vasos auriculares. No século 17, em 1637, um médico português de nome Zacuto usava cauterizar um ponto do pavilhão auricular para tratamento e cura da ciatalgia. Em 1718, médicos franceses usavam cauterização no pavilhão e no dorso do antitrago para tratamento de odontonevralgias. Em 1810, Colla de Parma usava o mesmo processo de cura da ciatalgia através de cauterização de pontos situados no dorso do pavilhão auricular. Na França em 1890, Dr. Luciani de Bastia usava cauterizar a raiz do anti-hélix em tratamentos de ciatalgia. Nos últimos 80 anos, a Auriculoterapia vem sendo aplicada com êxito no tratamento de algias e em procedimento de analgesia profunda (anestesia). Alguns autores franceses, entre os quais pontifica o Dr. Paul Nogier, introduziram alterações no número de pontos auriculares e localização, mas os resultados dessas modificações são duvidosos, pois o sistema clássico chinês é fruto de observações milenares, o que o torna tecnicamente perfeito. Os estudos atuais não mudam, apenas somam novas técnicas de combinações de pontos, novos esquemas clínicos adaptados ao aparecimento de enfermidades ligadas ao desenvolvimento da humanidade. A auriculoterapia foi resgatada pela Escola Francesa através de estudos feitos pelo Dr Paul Nogier e seu filho Raphael Nogier. Este apresentou seus estudos em congressos internacionais de acupuntura e medicina, despertando o resgate pelas culturas orientais, principalmente os chineses. Assim a auriculoacupuntura voltou a ser estudada e praticada na China por ser mais fácil quanto a sua teoria e prática. Muitos estudos científicos são feitos para melhor desenvolvimento da Auriculoterapia tanto para tratamentos de vícios quanto outras patologias mais frequentes na época atual. Na China, a auriculoacupuntura reconhece que os pontos auriculares tratam o corpo como um todo, sendo um sistema energético único que obedece às leis yin/yang e dos cinco elementos.

Acupuntura nas mãos, o Korio Soji: Assim como o pavilhão auricular, as mãos também são uma zona reflexológica, isto é, pequenos sistemas no corpo humano que representam o corpo todo, o Korio Soji é um sistema acupuntural coreano que utiliza pequenas agulhas para inserção somente nas mãos, também para tratamentos e analgesia. A mão é mais sensível à aplicação de agulhas que no corpo, por esta razão nem todos aceitam esta terapia com facilidade, mas sua aplicabilidade é de fácil manejo e de grande eficácia.

Hoje em dia existem técnicas modernas em substituição à aplicação de agulhas. Ainda têm pessoas que não admitem a ideia de se submeter à inserção de agulhas, sentem-se mal e alguns a ponto de desmaiarem ou entrarem em pânico, principalmente crianças, para estes é recomendado o estímulo dos pontos através de massagens, pesquisas modernas trouxeram novas formas de estímulo dos pontos sem o uso de agulhas, vejamos os mais usados:

- Laserpuntura é a aplicação do raio laser como estímulo dos pontos, totalmente indolor, porém, tenho observado através dos anos que em crianças a resposta é imediata, pois utilizo esta técnica em meus netos que se maravilham com a luzinha, mas em adultos o resultado é mais lento e até mesmo ineficiente em algumas pessoas.
- Stiper é um comprimido vegetal contendo silício que se coloca sobre os pontos que devem ser estimulados, presos na pele por um adesivo poroso tipo micropore, devendo permanecer no corpo por até três dias. O paciente levará uma vida normal, podendo tomar banho, dormir sem ser incomodado pelo adesivo por ser flexível e macio. Quanto a sua eficácia, se encontra em estudo já há alguns anos e os defensores desta nova técnica de estímulo de pontos afirmam que os resultados são surpreendentes.

Termogenoterapia

Também conhecido como **Moxabustão** e em chinês se chama **Chiu.** O tratamento pela moxabustão consistia antigamente em cauterizar o ponto deixando uma marca no local para o resto da vida, colocavam-se cones do tamanho de um grão de trigo, aceso diretamente sobre a pele, a moxa era realizada de duas maneiras, com cicatriz ou sem cicatriz. A moxa com cicatriz deixava ao cauterizar bolhas que davam origem às cicatrizes, e isto causava muitas dores ao paciente porque produzia queimadura profunda, hoje em dia se usa aquecer o ponto sem queimar através da aplicação de cones ou bastões acesos feitos com folhas secas e enrolados da planta Artemísia, vulgarmente conhecida como Artemijo (*Artemisia vulgaris*), sobre determinadas regiões da pele com o propósito de curar a enfermidade. A aplicação da Moxabustão se perde no tempo, relatam os historiadores que se originou da observação de que se aquecendo ao redor da fogueira, os antigos chineses verificaram que o calor fazia desaparecer algumas indisposições do homem, ou mesmo que as queimaduras podiam aliviar alguns sintomas, foi assim que, paulatinamente, a Moxa se converteu em um método terapêutico; com toda franqueza, não creio nesta história.

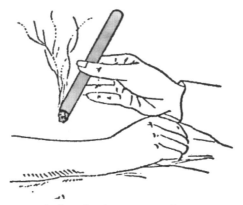

Aplicação de Moxa em bastão

Martelo de cinco ou sete pontas, também conhecido como Toque de Pluma

Também conhecida como Terapia por acupuntura cutânea ou Acupuntura com agulhas em forma de ameixa; acupuntura das sete estrelas, trata das mais diversas patologias, eu mesmo presenciei ótimo resultado em hipertensão e cefaleias, mas todos reconhecem ser uma acupuntura infantil, porque permite estimular fortemente o ponto com agulhas, sem ferir a pele. Como um bater rápido de um martelinho repetidamente cuja extremidade que toca a pele é composta de 5, 7 ou 9 agulhas finas e curtas, seu toque é indolor e muito bem-aceito pelas crianças em geral, a sensação é de arrancar um pelo rapidamente.

Sua aplicação é de bom efeito terapêutico, hoje sua técnica de manejo é fácil de realizar, por isso, são muito bem acolhidas pelos profissionais médicos e pelos pacientes de um modo geral.

Na época do Kwomintang, o generalíssimo Chiang Kai-Shek proibiu a prática da medicina chinesa sob influência das autoridades médicas inglesas que apoiavam a revolução por interesses próprios, o médico que fosse pego praticando a acupuntura tinha como destino a morte. O país estava um caos, fome e doenças assolavam toda a China, onde por volta de 1958, quem herdou esta China devastada foi o comunista Mao Tsé-Tung, fazendo com que seus soldados vermelhos abandonassem as armas e plantassem arroz por toda a China. A miséria era tanta que não existiam agulhas para a acupuntura e poucos médicos para praticá-la, nas regiões rurais foram criados os médicos de pés descalços, com uma formação de dois anos passavam a cuidar da saúde da população local tratando os casos mais comuns, os mais complicados eram encaminhados para os grandes hospitais dos grandes centros. Os tratamentos eram feitos com um martelinho feito de bambu com cinco agulhas pequenas na ponta, com excelente resultado na maioria dos casos. A nova República da China dedicou muita atenção a esta forma de terapia, realizando grandes esforços para popularizá-la. Vários departamentos de Medicina têm se dedicado ao estudo tanto na clínica como no laboratório, estabelecendo uma base para definir melhor as indicações e explicar o mecanismo de ação terapêutica.

Tipos de martelo com agulhas

Os Toques de Pluma mais usuais são os seguintes:

a) *Toque de Pluma em forma de Lótus*: Sao sete agulhas de aço inox, colocadas em forma de lótus em um mesmo plano de 1,5 a 2cm de diâmetro; o cabo que é de 20cm de comprimento. Vide na prática seu manuseio de martelar que deve ser muito suave.

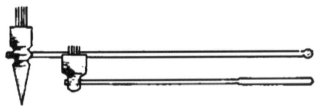

"Toque de Pluma" – tipo Martelo e tipo Cachimbo

Toque de Pluma feito de bambu e agulhas de aço inox

b) *Martelo com cabo de plástico ou de náilon:* São sete agulhas de aço inoxidável de três centímetros de comprimento de corpo e de 0,3 centímetros de diâmetro, fixadas em um tubo de plástico de modo que as sete agulhas formem um plano (o tubo deve ter dois terços do comprimento do corpo da agulha).

O martelo de agulhas de cabo de plástico caracteriza-se pelo manejo fácil e pela elasticidade. Além disso, as pontas das agulhas são rombudas, permitindo atenuar a dor e a variação da força dos golpes.

O martelo de cabo de náilon tem o comprimento de 26 a 30cm. Igual ao cabo de plástico. É fácil de manejar e é muito prático.

c) *Martelo com o cabo de lâmina de bambu:* (conforme ilustração na página anterior).

d) *Martelo em forma de cilindro:* Segurar o centro do cabo com os dedos polegar e indicador da mão direita e, com os demais dedos, sustentar a extremidade, fazendo-se movimentos rotatórios para realizar o tratamento.

e) *Agulha cutânea filiforme:* Selecionar agulhas filiformes de comprimento de 0,5 a 1cm (medida chinesa, na mesma proporção de uma polegada), para realizar estímulos superficiais rápidos.

O estímulo cutâneo com o "Toque de Pluma" exige habilidade e coordenação motora, mesmo para evitar uma possível tensão muscular na junta do punho caso se trabalhe varias horas por dia. É preciso flexibilidade no movimento que deve ser leve e correr solto.

A maneira correta de segurar o martelinho para efetuar o tratamento é segurar o cabo do martelo com a mão direita (com a mão esquerda se o profissional for sinistro), pegando-o com o polegar e o médio e apoiando com o dedo indicador sobre o cabo, fixando a extremidade do cabo na eminência hipotenar da mão, segurando-o com o dedo anular e o mínimo. A extremidade distal do cabo pode ter 0,5cm para fora da palma da mão.

Como executar as Manipulações: O dedo indicador efetua as martelagens rítmicas auxiliado pelo pulso firme de maneira cuidadosa, levantando o martelo com rapidez e habilidade.

- A ponta das agulhas toca a pele sempre em ângulo reto, nunca de outra forma.
- Os estímulos não podem ser lentos, oblíquos e compressivos.
- Em média efetua-se de 90 a 120 marteladas por minuto.
- Conforme a terapia exigir, os estímulos podem ser *Suaves (Light)*; *Fortes (Heavy)* e *Moderado (Moderate)*.

Estímulos Suaves (*Light*): O toque é suave com o martelo um pouco levantado. Mesmo sendo suaves, os movimentos devem ser rápidos. Reação: A pele deve ficar levemente avermelhada. Estímulo indicado para a cabeça; rosto; crianças; idosos; pacientes debilitados, caquéticos ou pacientes sensíveis à dor.

Estímulos Fortes (*Heavy*): Usa-se maior força no toque e menos rapidez, o corpo do martelo deve estar mais levantado. Reação: O objetivo é avermelhar bem a área ou provocar gotículas de sangue. Estímulo indicado para costas, os quatro membros, para jovens e pacientes menos sensíveis a dor.

Estímulo Moderado (*Moderate*): O estimulo fica entre o *Light* e o *Heavy*. Reação: até avermelhar a pele, porém, sem chegar a sangrar. Estímulo indicado para doenças crônicas.

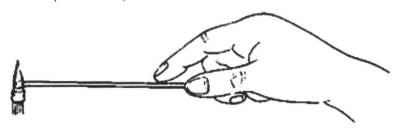

Maneira correta de segurar o martelinho

E durma-se com um barulho desses, até martelo o terapeuta naturalista usa em seu tratamento dirão os céticos.

A Fitoterapia Chinesa

É considerada indispensável na maioria dos tratamentos em associação com massagens, acupuntura ou moxabustão conforme a necessidade. Existem inúmeros patenteados produzidos no formato de bolotas, nunca tinturas por acreditarem que em formato de tintura, o produto sofre alterações, porém, a maioria dos profissionais que utilizam a fitoterapia chinesa procura usar o sistema antigo onde a erva seca é pesada na quantidade exata, isto porque o peso deve ser rigorosamente respeitado, onde o peso indicado é aplicado para consumo de um dia para adultos e metade do peso para crianças acima de seis anos e ainda um quarto do peso para crianças com menos de seis anos, devendo ser dividida e ingerida aos poucos durante o transcorrer do dia. Na maioria das vezes, a erva não é ingerida isoladamente, mas sim numa associação de várias ervas onde cada tipo é misturado a outro para que tenha ação direta e objetiva sobre o mal a ser tratado, isto porque a associação destas possuem um valor terapêutico referente à patologia a ser tratada. Lembra-se que comentamos sobre os meridianos chineses ou canais de energia? Cada erva ou grupo de ervas tem uma ação direta sobre a disfunção deste ou daquele meridiano que vimos serem doze ao todo. De uma planta é preciso saber a parte que deve ser utilizada como, por exemplo, a flor, a folha, a casca do tronco o caule a raiz? Cada qual tem uma propriedade específica para tratamento.

Quando se fala em fitoterapia chinesa lembra-se de ervas, vegetais, mas também se usa minerais raspados em forma de pó, e partes do corpo de determinados animais, também raspados, como, por exemplo, o Nô Gam Sãk que é uma pedra de nome científico Smithsonite (Calamine) de sabor agridoce usado para tratamento do baço e estômago tendo valor terapêutico para o tratamento de hidropisia, timpanismo, impinge e esclerotite. Da pedra se fazem o pó que deve ser ingerido morno de dois a no máximo seis gramas por dia. De propriedade animal, podemos mencionar como exemplo o Guang Xi Ji, trata-se do pó extraído do chifre no Rinoceronte. Tem sabor amargo, ácido e salgado, sua propriedade é fria por isso é um antídoto geral e febrífugo, hemostático, absorve e elimina venenos ingeridos, excelente antídoto de picada de cobra, atua na catapora, analgésico, erupção, escarlatina, varicela, também bom para hemorragias, inflamação com tontura de olho, de ação geral para os meridianos do estômago, coração e fígado. Como todo produto que trata doenças também pode fazer mal, ele é contraindicado na gravidez.

Os produtos fitoterápicos chineses são eficazes e devem ser usados somente enquanto doente, caso contrário, farão mal como qualquer medicamento, isto porque erva não é alimento. Sua eficácia é comprovada através dos milênios e o importante é que seu uso é bem-vindo com associação de qualquer terapia natural usada ao mesmo tempo com o objetivo de acelerar a recuperação, e isto não acontece com certos medicamentos alopáticos que inibem o efeito da acupuntura ou outras ações terapêuticas naturais.

O Brasil é rico em variedades de ervas e nela precisamos encontrar a substituição para as ervas chinesas, para tal é preciso um pouco de boa vontade por parte de nossas autoridades de saúde.

As Massagens Chinesas

São intimamente ligadas ao princípio da MTC e tem por objetivo estimular os Meridianos e assim obedecem estritamente às cinco leis ou regras principais, das quais já demos notícias em páginas anteriores, visando restabelecer o equilíbrio das forças produzindo resultados excelentes, proporcionando cura estável. As massagens chinesas são milenares e sua história é curiosa, portanto, faremos aqui um breve relato de ocorridos com a massagem chinesa através dos tempos: Na época da dinastia Han (século III a.C./ século III d.C.), se publicou numerosas obras sobre os princípios da massagem oriental, o valor da massagem foi destacado nesta época, o que fez com que, sob o domínio da dinastia Soé (século VI ao século X d.C.), as massagens fossem oficializadas e se criou uma cátedra no instituto Imperial de Medicina. Desgraçadamente, na época dos Tsong (século X ao século XIV), a grande maioria dos intelectuais da China formava parte do grupo "Movimento com tendências novas", cuja ambição era destruir "todo o antigo". A massagem foi considerada por eles como uma "exploração indigna do homem", e foi ordenada a destruição sistemática de toda obra relacionada com essa arte. Foi preciso esperar até a época dos Ming (XIV ao XVII), para que a massagem ocupasse novamente seu lugar na medicina. São os princípios encontrados na época dos Ming que servem de base para as técnicas modernas, e isto significa que os conhecimentos adquiridos na dinastia Han e Soé foram destruídos e seus conhecimentos perdidos por causa da ignorância das autoridades de saúde e politicagem da dinastia Tsong. A política é sórdida.

Na China, a massagem é muito mais antiga que estes fatos aqui mencionados, tanto é que no "O livro de folhas soltas" do imperador Amarelo Wang Ti, escrito, provavelmente, entre os anos 2697 a 2595 antes de Cristo. É atribuído ao então Ministro médico chefe do Império "Chi Po", mas suspeita-se que tenha havido a colaboração de muitos outros acupunturistas da época, porque a obra revela uma grande diversificação de conceitos às vezes sobre o mesmo tema.

O livro de folhas soltas, escrito antes que no ocidente se conhecesse a fabricação e o uso do papel, reveste-se da forma de perguntas do Imperador Wang Ti e respostas de seu Ministro médico chefe do império Chi Po. É composto de duas partes: O Su Wen, a parte que cuida da cura das doenças e O Ling Shu, que é a parte filosófica do livro.

No Su Wen capítulo 24 diz: "Nas pessoas que vivem constantemente com medo, os meridianos principais e secundários se obstruem com frequência. Por esta razão ocorre intumescimento. É preciso massageá-los e tratá-los com unguentos", este é o mais antigo comentário sobre massagem, trata-se da tão moderna Fibromialgia, já comum naquela época e o médico do império Chi Po não recomendava nem fitoterapia, nem acupuntura, nem qualquer outro tipo de tratamento para o caso, somente massagem com unguentos especiais feitos das essências das ervas determinadas para cada caso. Mais adiante teremos um capítulo exclusivo a todas as massagens, as milenares e as mais modernas.

Ventosaterapia (Pressão invertida), Sangria e Sanguessugas

Drenar o sangue é seu objetivo, e isso acontece aplicando a ventosa na pele onde ocorre uma sucção, fazendo o sangue fluir para a periferia.

Este método terapêutico milenar tem por objetivo tratar as mais diversas doenças, uma vez que a muitas doenças surgem pela impureza do sangue.

A prática da Ventosaterapia se perde no tempo, era praticada no Egito antigo, Grécia e até hoje, muito utilizada entre os povos orientais, principalmente China e Japão e foi muito comum no século retrasado.

A Ventosa pode ser dividida entre seca, molhada ou corrida.

A **Ventosa Seca** é aquela que tem por objetivo trazer o sangue do interior para a periferia, servindo este processo como diagnóstico onde se observa com esta sucção a coloração do sangue que indica o seu estado, quanto mais escuro, mais impuro. Também é utilizada como analgésico para dores nas costas, podendo ser usada juntamente com aplicação de agulha de acupuntura sobre determinados pontos para os mais diversos tratamentos, até mesmo para infertilidade, prolapso da bexiga ou uterino, constipação intestinal, metrorragia, descargas amarelas vaginais entre outros.

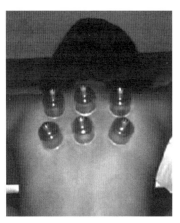
Aplicação de Ventosa seca para uma dorsalgia

A **Ventosa Molhada** tem este nome porque a pele é irritada por um instrumento cortante, provocando uma leve sangria chamada de "escarificação", imediatamente antes de a ventosa ser aplicada. Este método era reconhecido pelos médicos antigos como uma medida contrairritante.

As medidas contrairritantes provocam o deslocamento da dor e o efeito conhecido na medicina oriental como "alívio da superfície do corpo", muito útil no combate das dores por espasmo muscular e enrijecimentos musculares, reflexos causadores de falsas dores nos rins e pulmões. Hipócrates na Grécia antiga também usava tanto a ventosa seca como a molhada como principal tratamento nas desordens menstruais. Usavam-se grandes ventosas de vidro sobre os seios de mulheres que sofriam de metrorragia. Hipócrates recomendava também a aplicação de ventosa durante um longo período de tempo em diferentes partes das coxas, na virilha e abaixo dos seios, para as "descargas amareladas vaginais". Hipócrates advertia: *"Quando em aplicação de ventosa molhada, se o sangue continuar a fluir após o instrumento inspirador ter sido removido, se o fluxo do sangue ou soro for copioso, os copos de ventosa precisam ser aplicados novamente até que da área tratada tenha se retirado o abstrato. De outra forma, o sangue vai coagular, retendo-se nas incisões, e úlceras inflamatórias podem se formar. Aconselha-se banhar estas partes em vinagre. O local não pode ficar umedecido. Nunca permitir que o paciente se deite sobre as escarificações, e estas devem ser tratadas com medicamentos para feridas inflamadas".*

Os Terapeutas Naturalistas modernos têm receio de aplicar a Ventosa Molhada por ser preciso fazer uma pequena incisão com o bisturi em forma de cruz na região onde se aplicará a Ventosa, isto porque elementos mal-intencionados que sofreram a incisão poderão se aproveitar pelo fato de a profissão não ser reconhecida e processá-lo por prática ilegal de medicina, o que é uma pena, uma vez que a prática da ventosa molhada pode resolver diversos casos patológicos.

Nem sempre a ventosa foi de vidro, antigamente o instrumento utilizado para fazer a ventosa era à cabaça, conhecida como "Curcubítula", que em latim significa ventosa.

Não somente os Chineses antigos, os Gregos e os Egípcios também dominavam a arte da aplicação da ventosa no mundo antigo, temos documentos que afirmam que a ventosa era usada na sua forma mais primitiva a milhares de anos, como por exemplo os índios americanos que cortavam a parte superior do chifre dos búfalos cerca de duas polegadas e meia de comprimento, provocando o vácuo por sucção oral na ponta do chifre tampando-se em seguida. Os Curandeiros milenares *Xamanitas,* com força nos músculos faciais, perícia e agilidade, extraíam com a boca, por sucção e logo cuspindo, o veneno injetado na circulação sanguínea por picada de cobra, aliviando a dor e as câimbras no abdome.

O Ocidente antigo tinha o uso da ventosa como um elemento terapêutico corriqueiro e de grande valor panaceico. Por falta de outros elementos da ciência médica, a ventosaterapia era utilizada praticamente na cura de todas as doenças. Como um instrumento curativo mágico em sua essência, pelo contato íntimo com o interior do corpo através do sangue. Ela era respeitada também pela sua atuação no elemento energético gerado pela respiração. Teoria que se assemelhava aos conceitos da medicina Oriental. No 1º século d.C., Celsus menciona que o edema subcutâneo produzido pela ventosa seca consiste parcialmente de "flatus" (gases) derivado da respiração. Adverte que a aplicação da ventosa é benéfica tanto para doenças crônicas como para doenças agudas, incluindo ataques de febre, particularmente nos estressados. Quando há perigo de fazer sangria, o recurso mais seguro é aplicar nesses pacientes ventosas secas. Adverte ainda sobre a ocorrência de edema nas ventosas, sejam secas ou molhadas. Prescreve ventosas secas em vários lugares para tratar paralisia, ventosa nas têmporas e na região occipital em caso de dores de cabeça prolongadas. Ventosa molhada para dores no pescoço, ventosas secas aplicadas no queixo para angina facial, ventosas no peito para tosse, ventosas secas para dores no peito se o paciente não for bastante forte para o uso de sangria.

A **Ventosa Corrida** é uma prática moderna muito utilizada na estética corporal para eliminação de celulite, flacidez e também em hipertonicidade muscular, aliviando consequentes dores, nutrindo os músculos de sangue. O tratamento consiste em espalhar óleo vegetal com propriedades analgésicas sobre as partes em que irá deslizar a ventosa, dependendo da sensibilidade da região, o processo pode ser um tanto doloroso, mas basta correr a ventosa pela região apenas duas ou três vezes para que se tenha uma grande irrigação sanguínea local.

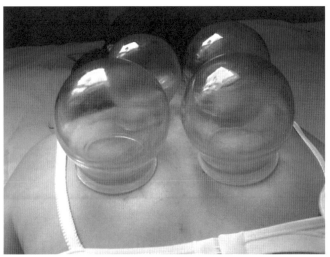

Ventosa para tensão no trapézio ocasionando dor. O vácuo destes copos são realizados colocando algodão no interior do copo antes da aplicação

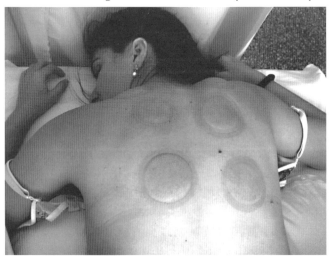

As marcas deixadas pela ventosa seca não permanecem mais que 3 ou 4 dias

Sangria de Capilares

Consiste no sangramento provocado por punção das finas dilatações capilares que se encontram em zonas superficiais na pele, provavelmente no sínus venoso. As dilatações capilares são supostamente causadas por estagnação da circulação sanguínea. Existem vários tipos de dilatações capilares. Elas podem ser solitárias ou múltiplas, reticuladas, radiantes, lineares ou esporádicas em suas formas.

Quanto à coloração, podem se apresentar avermelhada, vermelho-escuro, púrpura ou cianótica. Após puncionar as dilatações capilares e aplicarmos ventosas podemos esperar a melhora imediata da estagnação do sangue, assim como o estímulo da circulação geral e o alívio da atividade cardíaca. O controle da pressão e o desvio proposital da circulação que traz benefícios na anormal alta temperatura. Basta para isso retirarmos apenas poucas gotas de sangue em torno de 10 a 20cc no máximo. Podemos fazer uso desta técnica de uma a duas vezes por semana ou mensalmente.

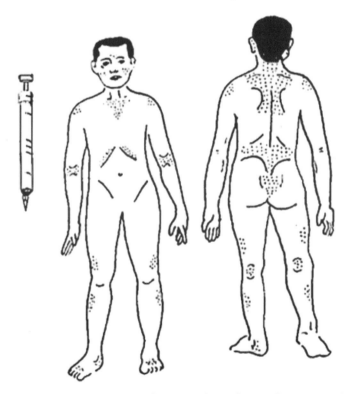

Os pontinhos indicam os locais onde se deve aplicar a sangria

Estas são as nove principais indicações da Sangria de Capilares:
- Hiper ou Hipotensão arterial;
- Ataques cardíacos;
- Gripes e resfriados, tonsilites;
- Asma, especialmente em crianças;
- No caso de várias queixas ginecológicas, especialmente no estado do climatério;
- Nevralgia, paresias, dores nos ombros, dor de cabeça, lombalgia.
- Distúrbios digestivos, hemorroidas, doenças da pele;
- Intoxicação por CO^1 (monóxido de carbono);
- Traumatismos, entorses, entre muitos outros.

A aplicação da Sangria de Capilares é contraindicado na gravidez, doenças cardíacas e desnutrição.

A prática de **Sanguessugas no lugar da Ventosa** é até hoje usada tanto na Europa como na Ásia. Na Europa a "venesecção" (assim denominada a aplicação de sanguessugas no lugar da ventosa), ou sangria das veias era uma prática popular, enquanto na Ásia o sangramento das dilatações capilares (telangiectasias) na periferia da pele junto com ventosas era o método mais utilizado. Entretanto, a escarificação e o sangramento por meio de "sanguessugas" ou através de emplastros feito de pastas abrasivas, com batata, gengibre, etc., eram usados no Oriente, porém, o emprego das sanguessugas teve a sua origem na Grécia antiga.

A sanguessuga também conhecida cientificamente como (*Hirudus medicinalis*) é um verme aquático que foi usado durante séculos na medicina. A ideia corrente era que este verme extraia o sangue com "humores mórbidos" e, consequentemente, levava o paciente à cura. O nome deste verme é Hirudo (em latim) e há várias espécies na zoologia. Os "humores mórbidos" seriam as toxinas e/ou elementos deteriorados que se acumulam nos vasos sanguíneos e nos músculos enrijecidos, causando doenças.

O uso das sanguessugas como terapêutica foi comum na idade média no ocidente.

A História relata que, em Portugal na antiguidade, os "barbeiro-sangradores" eram, geralmente, os técnicos encarregados de aplicar sanguessugas, por concessão de uma licença para praticar cedida pelo cirurgião-mor.

Naquela época, em Lisboa, foram publicados vários livros sobre o assunto, e os salões de barbear era o local de venda de sanguessugas.

As sanguessugas próprias para uso terapêutico eram as de água corrente criadas em fazendas especializadas. As sanguessugas de água parada não eram usadas por serem consideradas tóxicas.

Devemos fazer referência ao polêmico médico francês François Boussais, que foi chamado de *Paracelso do século XIX* por Benedicenti. Foi aluno de Buchat, cirurgião do exército francês e professor de Patologia Geral em Paris. Ele tinha uma visão especial do uso das sanguessugas que curavam quase todos os doentes, este médico tem atualmente seu nome na Enciclopédia Delta Larousse e um hospital com seu nome na França, dizia que o organismo, ao reagir contra os agentes irritantes provocados, adquiria novas forças. Os fenômenos vitais dependem de estímulos externos que, quando são moderados, mantêm o organismo com saúde e quando se tornam fracos ou fortes sobrevém a doença. Portanto, podemos compreender como as sanguessugas ativaram o sistema homeostático por um duplo mecanismo:
1. Ação das ventosas causando sua reação nociceptiva na pele.
2. Sangria que desperta o sistema homeostático.

Poucos conseguiam entender isso e, por isso, o seu uso se tornou abusivo. Em 1833, a França, além de consumir a sua própria produção de sanguessugas do Império Russo, teve que importar 40.000.000 de sanguessugas do Império Russo, Turquia e Pérsia. Seu uso passou a ser indiscriminado e irresponsável, ocasionando complicações graves, até a supressão da classe dos "barbeiro-cirurgiões", e com o desenvolvimento da química farmacêutica, teve o seu esquecimento por um bom tempo, retornando na modernidade com o objetivo de auxiliar na recuperação pós-cirurgia ou cicatrização difícil, ato realizado em muitos hospitais tanto em nosso hemisfério como na Ásia.

A Formação Médica na China Antiga

Se me fosse dado o poder de viajar no tempo, visitar três nações em períodos diferentes seria minha realização, a China no período Ming onde a massagem teve o seu período de ouro, a Grécia em duas épocas diferentes, a de Asclépio e a de Sócrates (duas eras de diferentes conceitos sobre saúde que testemunham a evolução decadente do homem, falaremos sobre elas mais adiante), e Roma do tempo de Julius Cesar até o século I da era cristã, isto porque cada uma delas teve muito a ensinar sobre naturalismo, como, por exemplo, Asclépio que curava com purificação, Sócrates que começou a curar com substâncias da natureza e Roma que dominava o poder curativo da água. Para se ter uma ideia, Roma no século I da era cristã, com uma população de um milhão de habitantes, tinha cem balneários, dos mais luxuosos aos mais populares, com os mais diversos banhos que também falaremos sobre eles mais adiante, porém, o que mais admiro era a formação médica na China antiga. Para receber o diploma de médico, o estudante tinha que ter em mãos cem certificados ganhos com muito suor e estudo, seu uniforme era um avental azul todo manchado por um líquido colorido colocado num boneco, com os pontos acupunturais preenchidos com este líquido e tapados com cera, onde o aluno em seus estudos tinha que furar com um estilete onde o líquido jorrava em seu avental. Quanto mais manchado o avental do estudante, mais capacitado era o aluno. Com o diploma na mão não podia fazer como hoje, abrir um consultório onde bem entendesse, tinha que se dirigir ao imperador que determinava onde deveria atender. A China como sabemos é muito grande e em muitos feudos havia falta de médicos e, por outro lado, o médico selecionava um grupo de famílias e se responsabilizava pela saúde destas. Uma vez indicado o local onde o médico deveria atuar, este se dirigia imediatamente para o local e se apresentava ao senhor feudal que por sua vez apresentava as famílias que estavam sem médicos. Após as apresentações, o médico examinava um por um em particular, podendo aceitar como paciente ou rejeitar, o indivíduo podia ser rejeitado caso o medico constatasse a impossibilidade de recuperação, mas se aceitasse um enfermo como seu paciente, tinha a obrigação de curar (é brincadeira? Igualzinho os dias de hoje onde o médico moderno *"mata cobra e cura cobra"*), Uma vez selecionada a família e rejeitado os enfermos que ele como médico acreditava que não daria conta de sua recuperação, estas famílias providenciavam moradia e sustento ao médico e, até mesmo, uma esposa. A responsabilidade médica era muito mais evitar que seus pacientes adoecessem que propriamente curar, por isso se alguém adoecesse por desobediência das ordens médicas, poderia ter como castigo a negligência médica por uns tempos, mas se o paciente adoecesse por negligência médica, ou viesse a falecer, a família da vítima ia à noite à casa do médico e acendia uma lanterna, sabem? Daquelas lanternas chinesas bonitinhas que podemos comprar em lojas de artigos chineses, pois quanto mais iluminada a casa do médico, obviamente, mais incompetente e isto forçava o infeliz a mudar de profissão. Ah! se hoje fosse assim! Não eram sábios os antigos?

A Milenar Medicina Indiana ou Ayurvedica

É mais um maravilhoso legado do mundo antigo para os tempos modernos. **Veda** significa conhecimento, e *Vedas* são as escrituras compiladas pelo grande sábio Vyasadeva. Originalmente o conhecimento era transmitido por via oral, porém, com o advento da era de Kali, quando o homem perde poder de concentração, inteligência e memória, se fez necessário codificar os *Vedas* em forma escrita. Os quatro *Vedas* são *Rg*, *Yajur*, *Sama* e *Atharva*, mas também se considera como literatura Védica toda aquela que esteja de acordo com o *sidhanta* Védico, o qual poderia ser resumido na descrição sobre conhecimento encontrada no Bhagavad Gita, (13.8-12): "aceitar a importância da autorrealização e buscar a Verdade Absoluta". O objetivo dos *Vedas*, portanto, é proporcionar respostas plausíveis para o candidato em busca filosófica acerca da Verdade Absoluta. Ayur significa "vida", portanto, Ayurveda significa literalmente "o conhecimento da vida". Tudo muito complicado? Sem dúvida, isto porque a Ayurveda ou Conhecimento da Vida são escritos, Mantras (orações) de conhecimentos adquiridos através dos tempos, conhecimentos estes que se perdem no tempo.

Os indianos acreditam que Ayurveda nada mais é que uma fórmula medica para atender os deuses da antiguidade. Deuses? Que deuses são esses? Precisamos antes de tudo lembrar que os seres de maior conhecimento sempre, em todas as épocas, sobrepujaram os mais humildes que, diga-se de passagem, são a maioria. Esta minoria dominadora, em todas as épocas foram conhecidas e veneradas como Deuses, temos o exemplo dos Faraós egípcios e muitos outros soberanos do mundo antigo. No Ramayana cujo conhecimento se perde no tempo (*Ramaiana, também conhecido como Ramayana é um* **épico** *sânscrito atribuído ao poeta Valmiki, parte importante do cânon hindu*)**,** nele encontramos uma referência da Ayurveda onde Hanuman traz a erva de Sanjivani para reviver Lakshmana, que é ferido mortalmente no campo de batalha em Lanka, porém, acredita-se que Dhanwantari, médico dos deuses foi a pessoa que descobriu ou criou a Ayurveda, que foi trazido do reino dos deuses à raça humana por Charaka, que escreveu o tratado de Ayurvedica até então só narrado verbalmente, Charaka Samhita (*creio que Samhita não é seu sobrenome, mas sim a sua origem, uma alteração de Semita, proveniente de raça ariana que dominou* *a Índia há milênios, povo este que desapareceu sem deixar vestígios*), é tido como o pai da Ayurveda até os tempos atuais. Bem mais tarde, Sushruta (também um Semita) escreveu um compêndio bem detalhado dos conhecimentos de Charaka que são os:

Princípios da Ayurveda

A Fitoterapia Ayurvedica e os Minerais: A Ayurveda é uma ciência que investiga as propriedades medicinais das ervas pesquisando seus efeitos no ser humano. Há mais de quatro mil ervas conhecida e aplicada pela Ayurveda, aproximadamente umas mil são as mais usadas para os quadros patológicos mais comuns de prescrições regulares. Através dos tempos, diversas combinações das ervas foram criadas e testadas, por esta razão a fitoterapia indiana assim como a chinesa não necessitam de comprovação científica, uma vez que seus benefícios, indicações, contraindicações e efeitos colaterais foram comprovados através dos milênios. As ervas são preparadas de diversas maneiras, tais como se submetendo a uma fermentação para se fazer os vinhos, ou preparando seus extratos concentrados do pó, poções, etc. De acordo com a preparação, possuem nomes diferentes, tais como bhasmas, lehyas, vatis, choornas, rasas, asavas, etc. Nos dias de hoje, assim como foi na antiguidade, a Ayurveda se encontra tão profundamente enraizada entre a população indiana que utilizam seus medicamentos a base de ervas sem saber que estão sendo tratadas através das técnicas dessa Medicina Milenar. Quase cada agregado familiar indiano tem uma planta de nome Tulsi em seu jardim. Tulsi é como os indianos chamam o tão conhecido e usado por nós ocidentais, usado como tempero, o Manjericão. Esta planta é adorada pelos Hindus, sem saberem que o respeito elevado pelo Tulsi (Manjericão) origina-se pelas muitas propriedades medicinais que tal erva possui. Tulsi é uma entre as cinco plantas que não pode faltar em um jardim indiano. As outras quatro plantas são denominadas Neem, Amalaki, Bilva e Palash. Nos dias de hoje, estas cinco ervas são de uso popular no mundo todo devido suas propriedades curativas.

Cientistas de todo o mundo ocidental tem pesquisado as propriedades medicinais destas e outras ervas indianas, o tão comum alho, a cebola e o gengibre são usados hoje pelo mundo inteiro para fins medicinais. O alho, afirmam, tem a propriedade de reduzir o colesterol e contribui para a longevidade (eu particularmente, assim como os chineses, não creio na longevidade, porque de acordo com sua genética você tem um determinado tempo de vida nesta terra, não tem como prolongar, mas agindo em conformidade com os princípios Védicos, você pode envelhecer lúcido, sem os males que aflige a terceira idade até o fim de seus dias. O sofrimento que cerca a terceira idade nos dias modernos podem ser evitados já em tenra idade. Há diversas outras ervas de vital importância dentro da Medicina Ayurveda, entre muitas podemos citar o feno-grego, o alcaçuz, a noz de bétele, o cardamo, a canela, sementes de cominho, dente-de-leão, nardo e muitas outras por nós tão conhecidas.

Embora o tratamento principal pela Ayurveda sejam as ervas, assim como a medicina chinesa se apropria também do uso de diversos minerais, que são denominados pelos indianos de dhaatus. Algumas preparações do dhaatu são muito importantes para promover o bem-estar geral como, por exemplo, um mineral de propriedade panaceica, o Shilajit.

A Panchakarma (a purificação): O ser humano se intoxica pelo prazer, na arte dos sabores, não come para ter saúde e sim por prazer, cada vez usando mais condimentos e com isso vai intoxicando o organismo, o que pode gerar muitas doenças e envelhecimento precoce. Como diz o ditado: *"O peixe morre pela boca"*, por este motivo, o aspecto mais importante da Ayurveda não são as quatro mil ervas nem os minerais, o segredo do sucesso da Medicina Ayurveda através dos séculos tem sido a purificação do corpo, uma espécie de regime e limpeza dos órgãos digestivos que seus pacientes se submetem. Há diversas terapias desintoxicantes dentro da Ayurveda, a mais famosa delas é a Panchakarma. Este é um processo dividido em cinco partes, elaborado de tal forma que pode tratar quase todas as doenças que aflige o ser humano.

A Medicina Ayurveda tem a desintoxicação e a dieta como terapia de base para qualquer processo de recuperação; para cada patologia, existe uma dieta específica, selecionada com cuidado, para que não haja erro, uma vez que cada caso é um caso e toda doença tem suas indicações e contraindicações dietéticas. O tratamento através do Panchakarma é uma total purificação do corpo. Existem tantas outras diversas terapias como o **Shirodhara**, a **Basti**, a **Garshana**, a **Abhyanga**, e também a **Yoga** cujos médicos prescrevem frequentemente as asanas (posturas de Yoga), para complementar seus tratamentos entre muitas outras que ajudam a manter o estado físico, emocional e espiritual em perfeito equilíbrio, a respeito delas falaremos mais adiante. A Ayurveda igualmente acredita em diversas terapias da massagem usando tipos diferentes de óleos aromáticos para tratamentos. A respeito de cada uma destas terapias em particular falaremos a seguir, vamos iniciar pela Massagem Ayurveda, massagem esta que me inspira grande admiração e respeito.

A Massagem Indiana ou Ayurvedica: Como já vimos pouco antes, a Medicina Ayurvedica, além de utilizar as ervas (Fitoterapia), a Panchakarma, a dieta (alimentação dirigida e adequada para cada quadro patológico), a Yoga entre outras técnicas, a massagem é uma das principais técnicas utilizadas pelos médicos e terapeutas ayurvedicos, por ser grande fonte equilibradora do estado geral. Surgida nos tempos antigos juntamente com o aparecimento da Medicina Ayurvedica nos povos da antiga etnia indiana, além de ser uma das mais antigas e também uma das mais completas técnicas naturais para reestabelecer o equilíbrio físico, psíquico e energético. É uma massagem de solo, isto é, praticada sobre um acolchoado confortável sobre o chão, seus toques são profundamente relaxantes apesar de o Massagista utilizar mãos e pés e manobras enérgicas nas diversas partes do corpo, tendo a função de purificação e manutenção da saúde corporal.

A massagem ayurvedica tem ação direta sobre a circulação sanguínea e linfática, desintoxicando, drenando e aumentando a produção de glóbulos brancos, nutrindo e oxigenando, isto porque promove e direciona a respiração, uma vez que geralmente não respiramos adequadamente devido a tensão do dia a dia ou angústia e mágoa, outro fator importante e a capacidade desta massagem de auxiliar no reequilibrio dos chakras (e quem não os tem em desarmonia em grau mais ou menos elevado?). Atua também nos chamados "sete corpos" – desfazendo bloqueios emocionais. Dessa forma, contribuindo na prevenção e tratamento de diversas patologias, entre elas as mais comuns são: artrite, artrose, obesidade, constipação intestinal, Insônia, metabolismo lento, diminuição da libido, nervosismo, nevralgias, hipertensão arterial, distúrbios neurovegetativos, ansiedade, depressão e angústia, fortalece o sistema imunológico, alivia tensões físicas crônicas ou agudas, reabilita o alinhamento postural e alinha os chakras, atua na dependência química, alergias, estresse, estafa, fadiga, fibromialgia, bloqueios emocionais, problemas musculares dos mais diversos e da coluna vertebral, lembrando que na Ayurveda não se trata a enfermidade, mas sim o indivíduo, assim como também na medicina chinesa. Em gestantes deve-se ter um cuidado todo especial e sua prática realizada por massagistas experientes.

Os "sete corpos" acima mencionados, ou sete planos da matéria universal, influenciam os sete chakras:

1º Raio – Plano Maha-Para Nirvânco, se refere ao estado físico atômico;
2º Raio – Para-Nirvânico, se refere ao estado físico subatômico;
3º Raio – Nirvânico, se refere ao estado físico superetério;
4º Raio – Buddhico – se refere ao estado físico gasoso;
5º Raio – Mental – se refere ao estado físico etéreo;
6º Raio – Astral – se refere ao estado físico líquido; e, finalmente, o
7º Raio – Físico – se refere ao estado físico sólido.

É importante ressaltar que assim como a Acupuntura e o Shiatsu (Massagem Japonesa), a Massagem Ayurvedica tambem é reconhecida oficialmente pela OMS (Organização Mundial de Saúde), e quase toda população da Índia se beneficia dela, sem contar que está se alastrando pelo mundo todo.

Por ser terapêutica e fazer parte integrante da Medicina Ayurvedica, a massagem ayurvedica deve levar em consideração os doshas do paciente, seus desequilíbrios e suas características. É uma prática individualizada, específica para cada tipo de pessoa. Não existe apenas uma técnica de massagem na Ayurveda, mas sim diversas delas, que são feitas com óleos medicados, de acordo com o *dosha* do indivíduo.

Que são Doshas?: Um paciente que se apresenta pela primeira vez ao Massagista Ayurvedico para ser tratado se submete a uma anamnese minuciosa para definir que tipo de Dosha ou Doshas é, assim o tratamento segue seu curso natural, sem o qual seria impossível dar continuidade.

Os Tridochas são: **Vata, Pitta e Kapha**, e cada qual requer um estudo amplo e profundo, mas para que o caro leitor leigo no assunto possa ter uma ideia ampla e simples informamos que o **dosha Vata** é o princípio dominante no corpo que controla o movimento; o **dosha Kapha** é responsável pela estrutura física e o equilíbrio dos fluidos corpóreos e o **dosha Pitta** controla o metabolismo e a digestão.

Estes três princípios devem estar contidos em cada célula humana para que seja possível a vida. O **Vata** existe para que haja o movimento e a respiração, para que o sangue circule, para que os alimentos se desloquem através do aparelho digestivo, e para enviar impulsos nervosos ao cérebro e a partir dele. O **Kapha** existe para que as células sejam mantidas unidas e é responsável pela formação do tecido conjuntivo, adiposo e a formação dos ossos. O **Pitta** existe a fim de assimilar e processar os alimentos, o ar e a água através dos diversos sistemas do corpo.

Embora a natureza precise dos três princípios para criar e sustentar a vida humana, cada um de nós encerra diferentes proporções dos doshas em nossa constituição básica. Quando dizemos, que uma pessoa é do tipo Vata, estamos querendo dizer que certas características Vata são dominantes na estrutura dessa pessoa. Os indivíduos do tipo Pitta ou do tipo Kapha terão suas características predominantes particulares.

Ao identificar e compreender o tipo de corpo pode-se colocar a alimentação, a rotina diária e até mesmo o comportamento casual em perfeita harmonia com a fisiologia como um todo, e consequentemente pode-se ter acesso a suas reservas internas de energia.

Analisaremos com mais detalhes as características de cada um dos três tipos:

Vata é o princípio governante do corpo. A influência de Vata em um ser humano individual pode ser comparada à ação do vento na natureza. Como o vento, o Vata está sempre em movimento e tende a ser rápido, frio, seco, áspero e leve. As pessoas do tipo Vata são dominadas por estas qualidades:

- Constituição física leve e magra.
- Executam rapidamente suas atividades.
- Fome e digestão irregulares.
- Sono leve e interrompido; tendência para a insônia.
- Entusiasmo, vivacidade e imaginação.
- Excitabilidade, disposição de ânimo variável.
- Capta rapidamente novas informações, mas também esquece rápido.
- Tendência a ser preocupado.
- Tendência a constipação intestinal.
- Se cansa com facilidade, tende a se esforçar muito.
- A energia física e mental se manifesta aos arrancos.

Ser extremamente Vata tem estas características:
- Tem fome a qualquer hora do dia ou da noite.
- Ama a agitação, ação e constantes mudanças.
- Tendência a dormir em horários diferentes a cada noite, pular refeições e ter hábitos irregulares de um modo geral.
- Num dia digere bem o alimento, em outro mal.
- Tem crises emocionais de curta duração e que são logo esquecidas, pode ser ciclotímico intenso.
- É rápido no andar.

O **Kapha** é responsável pela estrutura do corpo. O Ayurveda diz que o Kapha está relacionado com os princípios da terra e da água na natureza. O dosha Kapha é tipicamente pesado, estável, firme, frio, oleoso, lento, inerte e macio, e as pessoas do tipo Kapha se caracterizam por essas qualidades materiais.

- Tendência para a obesidade.
- Constituição física sólida e poderosa; grande força e resistência física.
- Custa a captar novas informações, mas depois que as assimila as retem.
- Energia uniforme; movimentos lentos e graciosos.
- Personalidade tranquila e relaxada; custa a ficar zangado.
- Pele fria, save, espessa, pálida e frequentemente oleosa.
- Sono pesado e prolongado.
- Digestão lenta, fome moderada.
- Afetuoso, tolerante, magnânimo.
- Propensão para ser possessivo e satisfeito consigo mesmo.

Ser extremamente Kapha tem estas características:
- Ficar ruminando as coisas durante um longo tempo antes de tomar uma decisão.
- Levantar devagar, ficar na cama um longo tempo e precisar tomar um café logo que acorda.
- Ser feliz com o *status quo* e preservá-lo apaziguando os outros.
- Respeitar os sentimentos das outras pessoas (com relação às quais sente uma genuína empatia).
- Buscar conforto emocional na comida.
- Ter movimentos graciosos, olhos lânguidos e um andar deslizante, mesmo quando gordo.

O **Pitta** governa a digestão e o metabolismo. Pitta é responsável por todas as transformações bioquímicas que ocorrem no corpo, e está estreitamente envolvido com a produção de hormônios e enzima. O Pitta no corpo é comparado ao princípio do fogo na natureza – ele queima, transforma e digere. Pitta é quente, aguçado e ácido, e as pessoas do tipo Pitta geralmente exibem essas qualidades:

- Constituição física média.
- Força e resistência médias.
- Fome e sede intensas, digestão forte.
- Tendência a ficar zangado e irritado quando estressado.
- Pele clara ou rosada, amiúde sardenta.

- Aversão ao sol e ao calor.
- Caráter empreendedor, aprecia os desafios.
- Intelecto aguçado.
- Fala precisa e articulada.
- Não consegue pular refeições.
- Cabelo louro, castanho ou ruivo (ou com nuanças avermelhadas).

Ser extremamente Kapha tem estas características:
- Ficar faminto se o jantar atrasar meia hora.
- Viver em função do relógio e detestar desperdiçar o tempo.
- Acordar à noite sentindo calor e sede.
- Assumir o comando de uma situação ou sentir que deveria fazê-lo.
- Aprender através da experiência que as outras pessoas às vezes o acham por demais exigente, sarcástico ou crítico.
- Tem um andar determinado.

Conhecedor destas informações, o terapeuta Ayurvedico analisa o paciente e o classifica para que o tratamento possa fluir corretamente. Pelo fato de a maioria das pessoas serem "bidóshicas", isto é estarem enquadradas não em apenas um, mas em dois Doshas, pelo fato de que a constituição delas é estruturada em torno de uma combinação de dois tipos de corpo, ou até mesmo dos três. Esta anamnese é feita através da observação e do interrogatório.

Shirodhara

A Shirodhara é outra terapia independente dentro da Ayurvedica. Com o paciente deitado confortavelmente, aplica-se um fluxo contínuo de óleo sobre a testa agindo sobre uma infinidade de patologias. O líquido vem de um recipiente apropriado com capacidade para um pouco mais de um litro. O tempo considerado ideal para uma aplicação é de uma hora e trinta minutos, iniciando com bem menos tempo e aumentando gradativamente a cada sessão. Existem também horários adequados para a aplicação e horários impróprios. As aplicações devem ser diárias com programa de sete, quatorze ou vinte e uma aplicação, enfim existe toda uma ciência para tal terapia benéfica para uma infinidade de males, não é o objetivo deste livro entrar em detalhes profundos, mas sim fornecer ao caro leitor noções das mais comuns terapias naturais.

A Basti é uma aplicação de solução glicerinada para uma completa limpeza intestinal (procedimento de máxima importância dentro da Ayurvedica, havendo também a limpeza do intestino grosso, denominado Mula Sodhana, a limpeza das fossas nasais denominada Netti, a Kapalabati que são exercícios respiratórios para a limpeza do cérebro, e uma infinidade de outros procedimentos de limpeza.

Garshana é uma massagem realizada com luva de seda, seleciona-se nela um óleo essencial natural específico para o dosha da pele e fricciona-se juntamente com cânfora e sal grosso A aplicação da massagem se torna mais eficaz quando em adição a uma refrescante massagem na cabeça trabalhando pontos especiais, denominados marmas, que são determinadas regiões do corpo com funções terapêuticas semelhantes aos pontos dos meridianos chineses já explicados anteriormente, porém, com área maior.

Podemos dizer que a Garshana é um tratamento estético da Ayurveda específico para pessoas do tipo Kapha principalmente, que é propenso a obesidade ou acúmulo de celulites, tão odiada pelas mulheres principalmente (não que os homens também não sejam vaidosos hoje em dia). É importante frisar que a fricção realizada também tem a propriedade de remover células mortas da pele, renovando-a e tornando-a macia e sedosa. Gostaram da Garshana não é? Afinal, dirão todos em uníssono: "Não basta ter saúde, um corpo "sarado" e uma pele bonita é altamente desejável", porém, o Garshana é considerado *Nadi shodana*, pois provoca limpeza energética, fazendo com que seu tratamento não seja apenas estético, mas também terapêutico e isto se deve à luva de seda friccionada na pele, provocando alterações elétricas que vão agir diretamente nos *nadis* (canais sutis de energia), ao sal que também altera eletricamente nosso campo energético e a cânfora tem ação rubofaciente, estimulando a circulação periférica, abrindo os canais.

Aplicação do Garshana com luva de seda

O Garshana é contraindicado para quem esta se submetendo a tratamento homeopático, floral ou ortomolecular, isto porque a cânfora bloqueia o efeito destas terapias de característica vibracional.

O Abhyanga é a massagem mais usada dentro dos tratamentos Ayurvedicos, o óleo usado na massagem Abhyanga é preaquecido (mornado) escolhido de acordo com o biótipo do paciente, o *dosha*, o ritmo e a pressão também seguem este conceito. Durante o tratamento, manipulações e alongamentos são realizados ao mesmo tempo em que se estimula todos os pontos *marma*.

Esta massagem é própria para ser aplicada no solo em duas ou quatro mãos, mas pode também ser praticada sobre um divã, o ambiente deve ser aromatizado de acordo com o tipo de dosha, acolhedor, com aquele tom místico indiano. Todos os doshas recebem bem esta massagem, porém, de forma diferenciada como, por exemplo, para *vata* deve ser lento, com toque e manobras firmes e óleo em abundância de qualidade quente; *pitta* requer um óleo frio como o óleo de coco, um toque constante e ritmo moderado. O Abhyanga em *Kapha* deve ter manobras vigorosas e profundas, com pouco óleo e rápida.

Deu vontade de receber uma massagem Abhyanga neste momento? Eu também acho que vou procurar um massagista especializado em Abhyanga agora mesmo, até mais.

Maria Cecília (minha esposa), numa demonstração de Abhyanga no Congresso do SATOSP – Sindicato dos Acupunturistas e Terapeutas Orientais do Estado de São Paulo em 2008

Vamos falar um pouco da **Yoga,** esta maravilhosa terapia milenar indiana que é parte integrante da Ayurvedica e muito recomendada pelos seus terapeutas. A palavra sânscrita *yoga* significa "controlar". Algumas das traduções também incluem os significados de "juntando", "unindo", "união", "conjunção" e "meios". No nosso mundo ocidental, a mais conhecida dentre as Yogas, é a Hatha-Yoga, onde se pratica asanas (posturas), que são exercícios posturais e respiratórios para manter ou restaurar a saúde física, mental e energética. Existem outros ramos da Yoga fora a Hata-Yoga, porém, com um inconveniente, todas com princípios filosóficos religiosos (me entendam, também tenho minha fé como todos nós, só não penso ser conveniente misturar religião com ciência, caso contrário, fica tudo muito confuso), vamos falar sobre os principais ramos do ioga que são a raja-ioga, carma-ioga, jnana-ioga, bacti-ioga e hata-ioga. O Raja-Yoga, compilado nos Iogas Sutras de Patanjali, e conhecido simplesmente como *ioga* no contexto da filosofia hinduísta, faz parte da tradição Samkhya. Diversos outros escritos milenares indianos discutem aspectos da ioga, incluindo os Vedas, criadores da Ayurveda os Upanixades, o Bagavadguitá, o Hatha-Yoga Pradipika, o Shiva Samhita e tantos outros Tantras. Iogue é o nome que se dá ao *expert* em Yoga.

Deu para se ter uma ideia sobre a Medicina Ayurvedica? Penso que podemos parar por aqui, as informações concluídas nos dão uma ideia da grandiosidade e seriedade destas milenares terapias da medicina Ayurvedica e seus grandes benefícios para a saúde.

O Legado Tibetano

Já que estamos falando das Terapias Naturais do Oriente antigo, não custa nada expormos também um país cuja medicina é natural e de certa forma fundamentada na Ayurvedica Milenar, trata-se da curiosa Medicina Tibetana. Como se pode ver no mapa a seguir, o Tibete faz fronteira com a China e a India, ainda hoje é considerado pela China como uma região autônoma chinesa (Xizang). A Administração Central Tibetana é governada pelo denominado sua santidade o Dalai Lama, ele governa o Tibete em exílio, seu nome é Tenzin Gyatso, o décimo-quarto Dalai Lama, que reclama ser o governo legítimo por direito um governo teocrático, cujo Dalai Lama é a própria reencarnação do Buda (dizem os fieis), mas não importa, o importante é saber que os sacerdotes da casta Védica que já discorremos anteriormente foram a grande influência da medicina Tibetana. Os dados históricos afirmam que a arte de curar tibetana existe a partir do oitavo século da era cristã e o que realça grandemente na cura tibetana é a "compaixão", cujo processo principal de cura é o amor e o coração. Comparado com a milenar terapia Indiana e a Chinesa, a tibetana é um bebê. Se na China antiga era proibido dissecar um cadáver, no Tibete não, por esta razão seu conhecimento de anatomia humana é grande, isto porque o princípio fundamental Budista é afirmar que o corpo sem o espírito é um recipiente vazio, sem vida, isto explica porque já no século XIII os médicos tibetanos praticavam a dissecação de cadáveres quando no Ocidente era proibído. Um misto de Ayurvedica e técnicas chinesas, como a ventosa e o moxabustão, são usadas pelos terapeutas tibetanos. Além de uma anatomia oriunda da dissecação de cadáveres, existe uma anatomia totalmente mística energética que fala dos canais de força vital, porém, não de forma semelhante à dos chineses. Dizem existir 72.000 canais místicos que transportam o sopro da vida por todos os confins do corpo humano. Esta anatomia mística é toda baseada em torno dos chakras (Chakra é uma palavra sânscrita que significa "roda" que são considerados pelos tibetanos os centros de energia do corpo, muito conhecido pela terapia Veda e ignorado pela medicina chinesa. Os Chakras são como bombas ou válvulas que regulam o fluxo de energia pelo corpo que se obstruídos causam doenças físicas e mentais; em cada fase da vida, os Chakras devem ser abertos integralmente para que se adquira uma evolução total, a não abertura dos Chakras implica não evolução espiritual e isto pode ocorrer na maioria dos seres humanos aqui na terra. Talvez baseados nos tridochas indianos, a terapia tibetana também tem os três tipos constitucionais que são o tipo lung, o tipo tripa e o tipo bekan. Por ser totalmente baseada em princípios budistas, esta medicina afirma que a saúde física só pode ser obtida por meio de compreensão da verdadeira natureza ilusória do mundo, por isso, quando o homem conhece a realidade e a verdade, nasce na sua mente uma atitude genuína de renúncia às coisas do mundo e aí então passa a enxergar a verdadeira realidade destituída do Eu porque é a mente humana que cria este mundo em que vivemos e cada qual enxerga o mundo de acordo com o que é, por isso afirmam: *"A vida é preciosa, a morte vem sem aviso, o karma não pode ser evitado e o egocentrismo é a raiz de todo sofrimento"*. A filosofia de saúde tibetana afirma que de nada adianta tratar o homem se o meio ambiente estiver doente, quando o ambiente esta poluído, os Cinco Elementos que formam o Universo (já falado anteriormente na Medicina Chinesa), também adoeçe ou, melhor, se desequilibra, causando danos também à saúde física, é uma verdadeira reação em cadeia, podendo causar os males físicos, dos mais leves aos mais graves, de uma gripe ao câncer. Os tibetanos também utilizam, como os chineses, o diagnóstico pelo pulso (Esfigmologia), *"O diagnóstico esfigmológico me informa o estado de toda a energia do meu corpo"*. A semiologia, o diagnóstico chinês pela língua, também é usada pelos tibetanos, um diagnóstico muito relevante é pela urina, devido seu princípio religioso místico, a Diagnose Astrológica também é importante nesta medicina, mas a alimentação correta e dirigida é a base de um viver saudável, das plantas se extraem os remédios para a cura, como em toda terapia natural, a massagem não pode ser dispensada e também a meditação, a Yoga e a interpretação dos sonhos terapêuticos. A mente recebe um tratamento especial dentro da medicina tibetana, uma vez que todo o sofrimento humano se origina na mente, assim como no Xamanismo, por isso, os budistas tibetanos afirmam que a prática do Dharma (o caminho da verdade) atua como medicina preventiva para a saúde mental.

Mapa do Tibete e fronteiras com a China

O Oriente é rico na arte de curar e prevenir doenças, poderiamos falar ainda muito mais a respeito da Medicina Tibetana, que preencheria páginas e páginas deste livro, porém, o que aqui foi exposto é o suficiente para que o caro leitor desperte o interesse em pesquisar mais sobre o assunto.

O Legado Deixado pelo Japão

Hoje, o Japão é tão ou mais ocidentalizado que o próprio ocidente, é um país em busca de modernidade e conforto, apesar do conglomerado de pessoas nos grandes centros como Tóquio por exemplo, onde um pequeno espaço para se dormir pode ser uma grande conquista. Uma ex-aluna minha do curso Técnico de Massoterapia vindo recentemente do Japão onde trabalhou como massagista narrou que durante o dia executava atendimentos o dia todo, tipo das oito horas da manhã até umas vinte e duas horas, interrompendo para almoçar rapidamente, à noite o mesmo ambiente era desativado e transformado em quarto de dormir com um fogareiro para o preparo do miojo, sem qualquer folga semanal, voltando para o Brasil com um bom dinheiro para montar seu próprio negócio que, diga-se de passagem, bonito, bem decorado e rendoso. Apesar da ânsia pelo moderno e ocidental, ainda resta o interesse em preservar tradições, mesmo os japoneses que residem fora do pais sentem uma atração pela medicina tradicional e isto é notado no bairro da Liberdade em São Paulo, onde existem inúmeros acupunturista e massagistas tanto japoneses, como coreanos e chineses. O Japão também como outros paises da Ásia nos legou maravilhas terapêuticas naturais advindas da China milenar, só que com algumas modificações e modernidades próprias da cultura japonesa, como por exemplo o **Shiatsu**. **Shi** em Japonês significa dedo, **Atsu** significa pressão (pressão com os dedos), existe um ditado Japonês que diz: "Um dedo apenas, e as mãos curam certamente". **Shiatsu** – é um método terapêutico japonês criado no fim da era Meiji em 1868 (recente se comparada às terapias milenares de outros povos já mencionados). Trata-se de estimular os Meridianos Chineses (os 12 pares e simétricos e os dois ímpares), seguindo seu trajeto, com forte pressão com os dedos, principalmente com o polegar. Particularmente acredito que a resposta terapêutica do estímulo dos meridianos através do Shiatsu seja mais rápida que a acupuntura. Lembro-me que residia em São José do Rio Preto, interior do Estado de São Paulo, uma região quente e seca e fui para um congresso de Naturologia em Florianópolis, capital do Estado de Santa Catarina e lá permaneci uma semana, com um clima úmido, chuvoso e frio e consequentemente adquiri um zumbido e uma hipoacusia em ambos ouvidos a ponto de ouvir bem pouco. Retornando para Rio Preto o mal continuou até que me submeti a uma sofrida sessão de Shiatsu de um ex-aluno meu. Sofrida porque o estímulo com os dedos causava muita dor consequente dos bloqueios energéticos principalmente nos meridianos do Baço e Pâncreas e Rins (a sessão de Shiatsu pode ser prazerosa, dolorosa ou muito dolorosa, dependendo do estado dos meridianos, os pontos bloqueados com excesso de energia (Yang) podem ser bem doloridos e os bloqueados com deficiência de energia (Yin) podem causar insensibilidade), ao terminar a sessão que denominei de *"suplício japonês"*, senti um bem-estar geral, ao sentar-me sobre o divã, imediatamente meus ouvidos abriram e o zumbido cessou, eu sou testemunha da maravilha que é o Shiatsu.

Exemplificando bem os benefícios e as possíveis reações imediatas do, Shiatsu, lembro-me que há anos, atendendo na cidade de Votuporanga, interior de São Paulo um senhor que por consequência de uma cirurgia de hérnia de disco, ficou paralítico. Este senhor adquiriu um mau humor cujo único prazer na vida era o de ofender quem quer que fosse, mesmo quem lhe era muito caro, como por exemplo, sua maior vítima, a própria esposa. Após a terceira sessão de Shiatsu, para surpresa de todos presentes, o homem estava rindo e brincando, coisa que não fazia a muito tempo. Atendi por muito tempo uma senhora que se submetia ao Shiatsu religiosamente uma vez por semana, se recuperando de uma artrite reumatoide, edema generalizado ocasionado pelo uso contínuo de corticoide (medicamento alopático), dores de cabeça generalizadas constantes e também de uma depressão mental já muito antiga, conseguiu convencer uma colega obesa, mau humorada e asmática a se submeter a sessões de Shiatsu. A primeira sessão desta senhora foi um verdadeiro "suplício japonês", doeu toda região que foi estimulada e o pior é que a dor continuou por mais alguns dias, consequência do seu estado de saúde (após a terceira ou quarta sessão, esta sensibilidade exagerada aos estímulos começa a diminuir até desaparecer, pelo fato de estar ocorrendo o desbloqueio energético dos meridianos e a saúde sendo restaurada), esta senhora não retornou no dia marcado para a segunda sessão, o que me levou a perguntar a sua companheira a razão, muito constrangida narrou o fato rindo e usando as palavras da sofrida senhora que disse: *"jamais retornarei naquele massagista cavalo"*. Já fui chamado de muitas coisas mas de cavalo foi a primeira vez, tive vontade de relinchar.

Entendeu agora caro leitor o porquê para uns o Shiatsu dói e para outros causa um grande relaxamento? Depende do estado bioenergético dos meridianos, porém, a frequência no tratamento ocasiona desbloqueio, causando no final um bem-estar duradouro.

O Shiatsu é o maior tratamento profilático que existe, ele pode tratar as doenças que estão a caminho e que não se instalaram ainda ou tratar os mais diversos males somáticos, tais como: Dores em geral, Cefaleia das mais diversas, Enxaquecas, Artrite Reumatoide, pode amenizar ou evitar crises de asma, insônia, obesidade, problemas dos órgãos internos, serve como terapia complementar do Câncer, Diabete Mélitus, Rinite alérgica ou alergia das mais diversas, envelhecimento precoçe por ser rejuvenescedor das células e muitos outros males. É de efeito psicossomatico, tratando Depressão e Confusão mental, Síndrome do Pânico, Ciclotimia, Nervosismo e Ansiedade, entre outros.

Como toda terapia é possuidora de contraindicações, o Shiatsu também deve ser evitado em infecções, flebite, pressão sobre varizes, afecções cutâneas, doenças contagiosas e fraturas. Como existem pontos abortivos, principalmente no Meridiano do Baço e Pâncreas, o próprio ponto quatro do Meridiano do Intestino Grosso é altamente abortivo, mas, ao mesmo tempo, o estímulo do ponto seis do Meridiano dos Rins beneficia a gravidez e o feto principalmente, eliminando toda transmissão hereditária negativa do pequeno ser, devendo ser estimulado diariamente pela própria mãe, no horário entre quinze e vinte horas (lembram-se do Relógio Cósmico que falamos aqui?), por estar próximo ao Meridiano dos Rins. O Shiatsu beneficia grandemente a grávida, tanto emocional como fisicamente, porém, deve-se tomar cuidado em não estimular os pontos abortivos. Em grávidas, o Shiatsu deve ser realizado por massagistas muito experientes.

Puxa! Dirá você: *"Que ênfase o escritor deu ao Shiatsu, mais que muitas outras terapias anteriores"*. É verdade, acontece que em meus mais de quarenta anos como Terapeuta Naturalista, o Shiatsu tem sido meu melhor aliado nas mais diversas patologias, amo o Shiatsu.

Outra maravilha terapêutica Japonesa é o **Do-In,** a Automassagem Curativa e preventiva de doenças. **Do** significa Caminho, **In** significa casa, Caminho de Casa, a casa é o nosso corpo, a morada do Ki, a energia vital. O Do-In pode ser considerado o primeiro passo a ser dado quando doente ou mesmo estando são para prevenir doenças, antes de procurar qualquer recurso terapêutico, trata-se de exercícios rápidos de quinze minutos diários, de manhã ao levantar ou à noite ao deitar.

Ao levantar de manhã, o praticante se dirige de frente à janela (se residir em um apartamento), ou ao ar livre, sobre um gramado arborizado com flores e uma cachoeira próxima (isto é um sonho para a maioria, mas não faz mal, de qualquer forma procure ficar de frente para o sol e comece seus exercícios fazendo a saudação ao sol. A prática diária do Do-In estimula todos os meridianos, desobstruindo-os ou mantendo em harmonia seu caudal energético. Estes quinze minutos são o suficiente para que você esteja pronto para enfrentar o estresse do dia, o trânsito pesado, o estresse do trabalho, a correria, os problemas, etc., com seu caudal energético fortalecido sem se deixar abalar. À noite, para ter um bom período de sono, faça o mesmo.

O Do-In não dispensará a visita periódica ao médico ou ao dentista ou ao seu Terapeuta, mas fará com que você precise bem menos deles, uma vez que seu organismo estará bem mais equilibrado e seu estado emocional mais harmonioso.

O Do-In é uma rotina de saúde diária que exige persistência e perseverança. Além da técnica de exercícios diários, existem outros recursos recomendados pelo Do-In tais como:

- Abraçar uma árvore saudável para captar energia vital.
- Caminhar descalço sobre grama, bem cedo de manhã, quando o sol estiver surgindo, para captar pelos pés a harmonia do orvalho da noite que é extremamente Yin, ou, então, se onde você mora não tem gramado, pise descalço, também de manhã, em um piso molhado ou, ainda, tenha uma caixa com pedriscos de aquário que permaneceu no sereno da noite, de manhã pise sobre ela por uns três minutos diariamente.
- Se onde mora permitir, sem que a visinhança chame a polícia por isso, grite após a prática dos exercícios Do-In, com todas as forças de seu pulmão para pôr para fora toda raiva contida ou reprimida. Existem muitas outras aparentes maluquices como estas, porém, causadoras de bem-estar certamente.

O Do-In só sera eficaz tornando-se um hábito praticado regularmente como, por exemplo, escovar os dentes. Feito vez ou outra, sem regularidade não trará o mesmo efeito. Por sua importância para a manutenção da saúde, deveria ser praticado desde cedo pelas nossas crianças nas escolas, já no prezinho e também no ensino fundamental, e porque não ainda durante todo o ensino médio, diariamente, para que se torne um hábito, porém, o nosso Sistema Único de Saúde está muito longe de entender isso. Posso dizer que com esta prática nossas crianças seriam bem mais saudáveis.

Ao me graduar em Pedagogia Plena na Universidade Cândido Mendes no Rio de Janeiro, já com sessenta e dois anos de idade, apresentei minha monografia com o tema: *Fundamentos da Naturologia para a Educação Básica no Brasil – "Transversalidades possíveis"*, onde afirmo tornar possível o ensino de práticas naturais desde cedo nas escolas. Transcrevo abaixo uma parte do conteúdo e, me diga o caro leitor, se o que proponho não é fundamental e urgente.

Fundamentos da Naturologia para a Educação Básica no Brasil – "Transversalidades Possíveis"

Capítulo I. Uma breve análise da situação da saúde do menor e da Escola no Brasil

A avaliação da situação da saúde do menor no Brasil depende de pesquisas regionais devido à dimensão geográfica, diferentes climas e culturas.

Temos entre nós uma policultura proveniente de muitas etnias, gerando uma miscelânea de conhecimentos, folclores, mitos e fantasias das mais diversas. Apesar de tudo, sabemos viver pacificamente, não temos choques étnicos, religiosos ou culturais, nem mesmo restrição ao direito à liberdade como ocorre por este mundo afora.

Nosso sistema educacional não é dos melhores e isto é observado claramente nas redações realizadas num vestibular, "O ensino brasileiro vai mal, mas pais, alunos e professores lhe atribuem nível altíssimo, como o da Finlândia" (Revista Veja, nº 33, agosto, 2008, p. 75). São também inaceitáveis as situações descritas por Walcyr Carrasco, no seu artigo "Mais amor, menos descaso", na Revista Veja.

Para além do exemplo à mesa, gostaria muito de começar a ver mais pais ensinando os seus filhos no supermercado, melhor ainda, nas feiras ou nas lojas de hortifruticultura, perto de casa.

A escola pode e deve ser o carro-chefe da perfeita orientação alimentar, já que os próprios pais não possuem essa capacidade por serem portadores de vícios alimentares que produzem maus exemplos aos seus filhos. Um preparo eficiente onde o menor possa ter conhecimentos básicos de saúde, em que possa aprender a se cuidar de uma forma natural, através de métodos milenares, seguros, não invasivos e que possam ser praticados dentro do lar, sem depender de medicamentos alopáticos ou como acontece hoje em dia ser plenamente dependente de profissionais de saúde pelo simples fato de ser conhecedor do próprio corpo, ao mesmo tempo em que seja capaz de se tratar, onde somente em casos que não tenha encontrado solução definitiva para seu mal, recorrerá a um profissional de saúde. É de uma escola assim que precisamos.

Escola esta que oriente seguramente seus alunos como prevenir e manter a saúde ou ainda tratar os males já existentes, sejam eles agudos ou crônicos, psíquicos ou somáticos, já que o sistema de saúde vigente é mercenário e mercantilista, não tendo interesse de revelar estas verdades por não ser viável economicamente. Não é utopia, também não atribuímos a estas técnicas milenares de diagnóstico prevenção e tratamento de doenças ou eliminação de dores como milagreiras.

Nós, naturalistas, temos consciência que não existem fórmulas mágicas ou algo parecido, simplesmente temos plena convicção que está na hora de mudar o sistema falido de saúde vigente por um sistema mais brando, e muito eficaz e também informar desde cedo nossos alunos da capacidade de pôr em prática uma saúde holística para que aqueles que resolverem ingressar numa faculdade de saúde possam fazê-lo convictos de que muito do que lá é ensinado como verdade absoluta, foi implantado por interesse de uma minoria e deva ser mudado pelo que é do interesse da maioria ou, assim dizendo, da população.

Estamos falando de uma ciência médica cujo uso através dos tempos consagrou-se eficiente e segura, também não queremos parecer reacionários arcaicos acreditando que somente o antigo é salutar, pelo contrário, apregoamos um mundo melhor, com o naturalismo ao mesmo tempo em que sejam integradas ao modernismo as novas tecnologias, mas tudo de forma salutar, coerente e sem fanatismos ideológicos.

No oriente, Japão, China, Coreia, entre outros países, é uma prática comum e com isso o aluno cresce e se desenvolve com conhecimentos seguros de como cuidar de si mesmo e ainda se autotratar, onde a procura por um profissional de saúde só se dá quando as técnicas de cura, prevenção e analgesia (conhecimentos estes adquiridos desde cedo na escola) não são suficientes.

O mais importante ainda é ter o direito como cidadão de escolher o tipo de terapia que melhor lhe convém. Em nosso País não temos escolha, somos obrigados a nos submetermos à alopatia quer queira, quer não, pelo fato de não ser permitido qualquer outro sistema de saúde que possa concorrer com a medicina vigente. É um domínio de mercado, uma arrogância caso se julgue donos da verdade.

O direito à escolha da terapia que mais lhe aprouver ocorre também em alguns países evoluídos da Europa e Canadá, no Brasil, isto não é permitido, uma vez que tudo que não for do conhecimento da medicina oficial é chamado de charlatanismo, curandeirismo ou outros ismos.

Em nosso País, entre as classes privilegiadas ou menos favorecidas, nossas crianças não possuem este tesouro de conhecimento básico e indispensável de saúde. É verdade que higiene pessoal se ensina em casa (será?), como lavar as mãos antes das refeições, cuidados específicos em sanitários públicos, o uso da camisinha para o ato sexual, tomar vacinas em épocas certas, prevenção da dengue e sobre o perigo com o consumo de drogas, é verdade que nas Escolas tudo isso é ensinado nas aulas de higiene e profilaxia, mas não é o suficiente, nossas crianças desconhecem qualquer técnica de autotratamento, analgesia e prevenção de doenças, independentemente de classe social ou étnica.

O acesso à saúde entre nossas crianças das classes menos favorecidas é utópico, entre os mais favorecidos não é diferente porque, como o dinheiro compra tudo, a saúde é legada à medicina (medicina nas atuais circunstâncias não é sinônimo de saúde).

Numa Escola que preze a Gestão Democrática, que é uma forma de gerir o ambiente educacional com a participação de todos os sujeitos envolvidos, tal assunto não deve ser ignorado. Hoje existem naturalistas de nível superior num curso criado há bem pouco tempo denominado Tecnólogo em Naturologia, existem também os técnicos holísticos, os técnicos em Massoterapia, profissões modernas cujo único objetivo é o de reviver o caminho do naturalismo que o homem moderno se desviou há séculos e que pode ser consultado para estes casos, com a participação da comunidade e mesmo de outros profissionais da área da saúde.

Além do mencionado, existe o fator ausência do próprio corpo (corpo a nossa casa, a morada da energia vital), que é um grande mal que afligiu não só o mundo medieval como o mundo moderno, e nossas crianças precisam para terem uma mente sã, um corpo saudável e para que ambos corpo e mente possam coexistir de forma salutar, é preciso que haja noção do próprio corpo, isto é, da realidade da própria existência e o domínio deste.

1.1. Seu corpo – essa casa onde você não mora!

"Se as paredes ouvissem…" Na casa que é o seu corpo, elas ouvem. As paredes que tudo ouviram e nada esqueceram são os músculos. Na rigidez, crispação, fraquezas e dores dos músculos das costas, pescoço, diafragma, coração e também do rosto e do sexo, está escrita toda a sua história, do nascimento até hoje.

Sem perceber, desde os primeiros meses de vida, você reagiu a pressões familiares, sociais, morais. "Ande assim. Não se mexa. Tire a mão daí. Fique quieto. Faça alguma coisa. Vá depressa. Aonde vai você com tanta pressa…?" Atrapalhado, você dobrou-se como pôde. Para conformar-se, você se deformou. Seu corpo de verdade – harmonioso, dinâmico e feliz por natureza – foi sendo substituído por um corpo estranho que você aceita com dificuldade, que no fundo você rejeita…

Saúde, bem-estar, segurança, prazeres, deixamos tudo a cargo dos médicos, psiquiatras, arquitetos, políticos, patrões, maridos, mulheres, amantes, filhos… (E quantos há, independentemente de idade, cujo corpo ainda pertence aos pais? Crianças submissas esperando em vão, durante toda a vida, licença para vivê-la… Quando renunciamos à autonomia, abdicamos de nossa soberania individual. Passamos a pertencer aos poderes, aos seres que nos recuperaram.

Se reivindicamos tanto a liberdade é porque nos sentimos escravos, mas como poderia ser de outro jeito, se não chegamos a ser donos nem de nossa primeira casa, da casa que é o corpo? (Bertherat, 1976).

Onde reencontrar as chaves do seu corpo, tomar posse dele, habilitá-lo enfim e nele encontrar a vitalidade, saúde e autonomia que lhe são próprias?

Em casa? Pais distantes, preocupados e envolvidos com seus problemas (sem contar pais-problemas que, de certa forma, estão mais como inimigos de seus filhos, do que pais amorosos.

Muitos se tornam agressivos devido às intempéries da vida ou consequente de fatores patológicos, outros não conseguem amar porque em suas vidas nunca souberam ou receberam amor (ninguém pode dar o que não tem), não é incomum, conforme as estatísticas, a existência de pais agressivos, capazes de em um momento de insanidade pôr em risco a vida do filho, sem contar o distúrbio de pedofilia de pais com os próprios filhos, ou outras deformações de caráter que levariam páginas para descrever.

A maioria dos pais tidos como exemplares acreditam que para uma boa formação basta dar a seus filhos educação escolar como a que conhecemos até então, alimentos e confortos, tais como um teto, uma boa cama, lazer, vestimenta (não que tudo isso não seja necessário), o que a maioria dos pais desconhecem é a importância do toque afetivo e amoroso e isto acontece devido a "falta de tempo", muitas preocupações, inversão de valores, ou também porque tiveram esta mesma criação.

Em parte talvez, não integralmente, principalmente nas atuais circunstâncias onde medicina não é sinônimo de saúde pelo fato de que, como profilaxia, a atual medicina só entende através de vacinas (nas atuais circunstâncias a vacina é um mal necessário), se todos cuidassem sabiamente e naturalmente de sua saúde não haveria necessidade de vacinas. A vacina pode erradicar muitos males, tais como: A varíola, o tifo, a tuberculose, a paralisia infantil, o perigo de tétano, entre outros, porém, incuba o mal dentro do homem, podendo gerar muitos outros males até mesmo desconhecido pelo simples fato de alterar o sistema de defesa, por outro lado, a medicina continua desumana e invasiva, os medicamentos alopáticos são perigosos à saúde se usados por longo tempo e com frequência, tais como o corticoide que pode criar edema (inchar), atrofiar músculos e causar dores insuportáveis, os barbitúrico, onde muitos deles criam dependência a ponto de o paciente jamais poder se ver livre deste.

Muitos medicamentos usados no Brasil causam danos gravíssimos ao ser humano, sendo que muitos deles já foram proibidos no exterior e aqui continuamos a usar como, por exemplo, certos anti-inflamatórios. Cirurgias sanguinolentas são usadas com frequência, sem restrições, sendo muitas delas desnecessárias e até mutiladoras, basta observar que as cesarianas não reduziram nos últimos tempos, pelo contrário, aumentaram, será que a maioria de nossas mulheres não possuem a capacidade de gerar filhos naturalmente como acontecia nos tempos antigos?

A Escola é o local mais apropriado para tais discussões, mas também nas atuais circunstâncias, sabemos não existir sequer projeto semelhante ou alguém cogitar sobre o assunto devido o modelo educacional vigente, este assunto é reservado à saúde e saúde, da maneira como entendemos hoje, está muito aquém do que estamos propondo aqui.

Viver de forma natural implica mudança de vida e mentalidade e como em tudo que requer mudanças existe resistência, devemos começar desde cedo abrir a mente de nossos pequenos para que eles possam mudar o futuro, já que esta geração como a anterior está contaminada pelos meios de comunicação e também pelo sistema.

Estamos longe de ensinar como viver de forma salutar em nossas escolas, porém, podemos reverter este quadro com o auxílio de profissionais qualificados como, por exemplo, os tecnólogos em Naturologia, os Técnicos Naturólogos e Massoterapeutas, com a colaboração indispensável do Conselho de Educação, Pedagogos, corpo docente, pais de alunos e toda comunidade.

A participação de todos é indispensável.

Uma pergunta a ser levantada é: A implantação de um programa naturalista nas escolas de ensino fundamental e médio poderia causar conflito junto ao sistema vigente de saúde pelo simples fato de significar ameaça ao sistema médico, aos laboratórios médicos e clínicos, amparados pelas poderosas multinacionais? Não estaríamos "cutucando um vespeiro com vara curta"? Um povo esclarecido não se deixa dominar porque os olhos são abertos para a verdade e quando prejudicados pelo sistema exigem mudanças.

Um programa de saúde naturalista traria à tona verdades escondidas a milênios e, com certeza, irá incomodar muito economicamente uma vez que em nosso sistema capitalista tudo gira em torno do dinheiro e quem o está acumulando não quer perder, e fará tudo para não perdê-lo não importando os meios, podemos citar como exemplo quando Mao Tsé-Tung, o líder chinês, convidou os meios de comunicação do mundo todo juntamente com autoridades médicas para assistirem a uma cirurgia de tórax aberto no hospital de Beijin com anestesia por acupuntura, durante a delicada e demorada cirurgia, cujo paciente se encontrava acordado, o médico perguntou se este estava com fome, o paciente meneou a cabeça dizendo sim, lhe deram uma maçã. Ao término da cirurgia, o paciente se levantou, recolheu seu lençol, saudou os visitantes e se dirigiu a seu quarto.

Todos os presentes ficaram maravilhados com a apresentação, os meios de comunicação divulgaram a maravilha da anestesia chinesa diferente da anestesia ocidental, de alto custo, química, que pode produzir risco de vida, algumas autoridades médicas, maravilhados com o que viram, chegaram a escrever livros sobre o assunto.

Qual foi o resultado disso tudo? Este sistema de baixo custo, eficiente, infalível, seguro, que não proporciona risco de vida foi implantado nos hospitais do mundo? Não! Foi ignorado, esquecido, não se falou mais sobre o assunto e por quê? Porque os grandes laboratórios multinacionais não permitiram, iriam falir, iria gerar desemprego, não importando o custo reduzido da produção de agulhas, não importando o benefício que a população de baixa renda teria e o benefício em termos de saúde.

As multinacionais que dominam o mercado de saúde sabem que correriam riscos de prejuízo caso a população reduzisse o uso de medicamentos, exames laboratoriais por recorrerem em primeiro plano ao sistema milenar e natural de analgesia, tratamento e prevenção de doenças, mas sabem também que cedo ou tarde isto irá acontecer, tanto é que muitos laboratórios multinacionais estão patenteando ervas da flora amazônica e sabemos que os pajés do amazonas, conhecedores da flora, sempre curaram e trataram doenças com essas ervas nativas que não são poucas e, entre elas, muitas são ainda desconhecidas.

É sabido que a fitoterapia brasileira é farta e muito mais rica que a fitoterapia chinesa e nela encontramos substituição para a maioria dos patenteados chineses conforme o médico Dr. Alex Botsaris faz a comparação e a substituição de uma infinidade de ervas chinesas pelas brasileiras, conforme demonstrado em seu livro sobre fitoterapia brasileira.

O programa de Corpo e Movimento existente em muitas escolas já é um começo, um lampejo do que pretendemos, mas é preciso ir além, é preciso instruir para um viver livre sem opressões e domínios, é preciso conhecer a si mesmo para aprender a "reconhecer os similares e a respeitar as diferenças", frase própria do Instituto Esalen, uma instituição Gestáltica e Naturalista situada no sul da Califórnia nos Estados Unidos da América, fundada na década de 60 por dois rapazes naturalistas idealistas, aliás, diga-se, de passagem, que o estado da Califórnia nos Estados Unidos da América é muito voltado para o naturalismo e muito desenvolvido nesta área.

Apesar de o Brasil ser um País que tem condição de exportar tecnologia sobre o naturalismo (principalmente o Estado de São Paulo e Rio de Janeiro, muito podemos aprender ou trocar informações com os Californianos), é sabido que o Brasil tem condição de se tornar o principal produtor de fitoterapia natural do mundo caso não permita que estrangeiros venham explorar e patentear nossas ervas, como vem acontecendo, estamos também um passo à frente de qualquer nação na arte massoterápica, mesmo do oriente e do velho mundo. A ETAME – Escola Técnica de Acupuntura e Massoterapia, situada em Campinas no Estado de São Paulo, com um curso técnico de um ano e meio de massoterapia, ensina as 12 modalidades de massagens mais conhecidas, sendo que 4 delas são criação da própria escola: A Massagem Desportiva pré e pós; a massagem Psíquica, baseada nas ideias de Wilhelm Reich, o Estímulo Linfático Manual e, consagrada por diversas autoridades no assunto como a massagem holística mais complexa e perfeita que existe, a Massagem Holística Reconstituinte.

Capítulo II. A Naturologia inclusa como matéria no currículo do Ensino Fundamental e Médio.

2.1. No Ensino Fundamental:

Um estudo realizado na década de 1990 por pesquisadores japoneses, concluiu-se que durante a idade de 0 a 6 anos, a criança é bombardeada por no mínimo 6.570 "NÃO", se contarmos 3 "nãos" por dia.

Que influência estes "nãos" podem ter em nossa mente dos 7 anos em diante se eles não passam de repressões inocentes e bem-intencionadas, tais como: Não mexa na tomada! Não suba na janela! Não isso, não aquilo?

Os pais, outros parentes ou babás dizem não com a boa intenção de evitar perigos, muitas vezes acreditando que estão educando, não se preocupando com o fato de a criança entender ou não do porquê do não, ou por ter dificuldade em explicar ou falta de psicologia para evitar o impacto que um não pode causar na mente da criança.

Um não na mente clara e inocente da criança é sinônimo de tabu, proibido, como no jardim do Éden *"era proibido a Adão e Eva comer do fruto da Arvore da Ciência do Bem e do Mal – Mas da árvore da ciência do bem e do mal, dela não comerás; porque no dia em que dela comeres, certamente morrerás" (Genesis 2, p. 17)*, seus corpos eram imortais, porém, mesmo sabendo que morreriam, pelo fato de ser proibido, acabaram comendo e sofrendo as consequências.

Isto é facilmente observável numa menina brincando com sua boneca, imitando sua mãe: – Não pode... se fizer apanha!

As crianças de 0 a 6 anos são tão inocentes como foram Adão e Eva enquanto no paraíso, é uma fase de brincadeiras, ignoram qualquer perigo, tudo é bom e maravilhoso, menos os "nãos", questionam: – Por que não? Sem entender qualquer resposta, se os nãos bem-intencionados fossem substituídos por: – Se você fizer isso, acontecerá aquilo. O dizer não, de certa forma, exime o adulto da responsabilidade, mesmo sendo mais seguro colocar protetores de tomada em cada uma delas evitando o perigo, não precisando dizer não.

A partir dos 7 anos de idade, o entendimento da criança é diferente, porém, as repressões ou melhor dizendo os 6.570 "nãos" permanecem guardados em seu inconsciente a tal ponto que na adolescência ou mesmo na maturidade, quando pretende realizar algo grandioso, os "nãos" guardados em seu inconsciente refreiam suas atitudes realizadoras, surgindo com isso a frustração e a sensação de incapacidade, por esta razão não existe criança que não possua, de uma forma ou de outra, exasperações manifestadas somaticamente, e se estes sintomas sutis camuflados, imperceptíveis mesmo num contato diário, não forem observados e corrigidos em tempo hábil, se estenderão para o resto da vida produzindo disfunções de caráter ocasionadas por doenças prolongadas demais, conforme afirma a MTC (Medicina Tradicional Chinesa).

Tais manifestações podem ter as mais diversas somatizações, tais como: Agressividade, asma, angustia (roer unhas), distúrbios urinários ou intestinais, disfunções visuais ou auditivas, distúrbios da fala e locomoção, entre muitas outras, é longa a lista dessas disfunções que poderíamos encher páginas e mais páginas. Outras exasperações se manifestam de forma puramente emocional, tais como: depressão mental, medo indevido, insegurança, como afirma Louise L. Hay em seu livro "Cure o seu Corpo", que para esclarecer o que pretendo dizer aqui cito alguns itens somáticos produzidos por quadros emocionais, como, por exemplo: **Abscessos** – Fixar o pensamento em vingança; negligência, mágoa; **Acidentes** – Inabilidade para falar sobre si mesmo. Rebelião contra autoridade. Acreditar em violência; **Acne** – não se aceitar, não se amar, e assim por diante.

Existe um lampejo das terapias naturais implantadas nas Escolas, trata-se da matéria intitulada "**corpo e movimento**" que tem por objetivo o domínio do corpo, espaço e movimento, fazendo com que a criança se situe bem em seu corpo dominando o espaço, tendo movimentos graciosos e perfeitos, através do ritmo corporal, fazendo com que haja o domínio do corpo e mente, afinal corpo/mente são inseparavelmente ligados de forma que se um estiver enfermo afetará o outro e vice-versa. A criança manifesta, durante estas aulas, seu grau de dificuldade na execução de exercícios de coordenação motora e de domínio de seus movimentos, dificuldades estas que deverão ser observadas pelos instrutores e registradas para serem trabalhadas durante o ano letivo.

Nas aulas de terapias naturais dá-se o segundo passo, porque além do domínio corpo/mente, a criança lentamente, através dos anos escolares, passa a conhecer o corpo físico, o corpo espiritual, o corpo mental e o corpo energético, se familiarizando com eles, conhecendo de forma alegre, brincando, como utilizar cada qual para realizar autotratamentos dos mais diversos males.

Não temos aqui a absurda pretensão de dizer que estes conhecimentos milenares e suas técnicas substituirão o médico, o psicólogo, o fisioterapeuta, etc., porém, procurarão estes profissionais de forma mais consciente e conhecedores de si mesmos, estando menos propensos a se deixar levar pelos métodos convencionais agressivos e causadores de males a curto, médio e longo prazos!

Livre é a geração que não se deixa enganar, conhecedora da verdade!

O programa deve ser seguido de forma progressiva, orientadora sem causar impacto e também se deve tomar o cuidado de não criar conflitos, de fanatizar ou pretender ser o ensinado como verdade absoluta, como pretendem certas técnicas ou mesmo religiões.

Acredito ser o **Do-In** o mais apropriado para se ingressar na arte de cura ou prevenção de doenças através de técnicas naturais e suaves.

Como primeiro passo a ser implementado no ensino fundamental é o Do-In. O Do-In são exercícios de automassagem que visam manter ou restaurar o caudal energético do corpo humano, mantendo ou restabelecendo a saúde tanto física como mental, bastam apenas 15 minutos por dia e o corpo/mente é suficientemente renovado.

A prática do Do-In se realiza em grupo, antes do inicio das aulas, com objetivo de equilibrar o corpo e despertar a mente, uma vez que o Do-In é uma prática que promove o bem-estar psicossomático, uma verdadeira arte de cura e profilaxia milenar, devendo ser praticada pela criança, como já disse anteriormente, de forma alegre, descontraída, sem imposições ou formalidades ritualísticas.

Se nós ocidentais conhecêssemos a grande importância do Do-In para a saúde, iríamos incentivar nossos filhos a esta prática milenar chinesa quanto o fazemos para o ato de escovar os dentes após as refeições, como cuidar da higiene pessoal e adquirir bons hábitos alimentares.

O Japão, apesar de hoje estar tão ocidentalizado como nós se não mais, mantém o Do-In como prática oficial em suas Escolas, desde o infantil à faculdade, suas Empresas interrompem diariamente a produção por 15 minutos para a realização desta prática milenar de saúde, sabem que é preferível perder 15 minutos por dia a afastar um funcionário por estresse ou qualquer outro mal produzido pelo trabalho repetitivo.

Do significa Caminho, **In** significa casa. Do-In é o caminho de casa. A casa é o meu corpo, a morada da Energia Vital. Não é preciso grandes investimentos na Escola para essa prática, bastam uma sala arejada ou, em um tempo bom, um gramado ao ar livre com um colchonete ou uma esteira para cada aluno.

O Do-In é benéfico para a saúde de todas as nossas crianças, independentemente de sua etnia, classe social ou portadora de deficiência física ou mental. Não tem princípio religioso ou fontes políticas, é pura manutenção da saúde ou cura de doenças. É uma prática criada no Japão há aproximadamente 150 anos, seu princípio é tão moderno hoje como foi no passado distante.

Gradativamente, com o passar dos meses e anos, ainda como uma forma de brincadeira, o Do-In deve ser aprofundado, o professor precisa ter conhecimentos da terapia natural, portanto, deve ter uma formação apropriada para observar as patologias e suas exasperações, biótipo, etc., e trabalhar individualmente cada criança, preparando-a para uma autoliberação de seus males, de forma consciente, procurando explicar, mesmo que prematuramente, os princípios do que está fazendo e criando hábito de buscar em si mesmo a recuperação para seus males, mesmo sabendo que tudo na vida tem suas limitações e que nem sempre isso é possível, nestes casos o auxílio do médico ou outro terapeuta é indispensável.

O conhecimento pleno do próprio corpinho e suas reações a condições climáticas, emocionais, bacteriológicas e fisiológicas deve ser provocado pelo professor terapeuta lentamente com o passar dos anos do ensino fundamental, para que se desenvolva livre de bloqueios de qualquer espécie, sem ciclotimias patológicas, erros de educação vinda do berço ou traumas oriundos do nascer agressivo ou outras fontes.

Perguntamos: – para crianças subnutridas, advinda de lares desprovidos de alimento adequado ou suficientes para sua manutenção nutricional, o Do-In é suficiente para manter ou restaurar o bem-estar? Respondemos que nada substitui um alimento balanceado e nutritivo, primeiro nutrir, depois manter ou restaurar a saúde. Problemas sociais de desnutrição devem ser solucionados com merendas escolares adequadas, acompanhados por nutricionista, porém, a desnutrição não advém apenas da miséria, ela atinge também as classes mais abastadas. Uma criança obesa pode ser anêmica, uma criança que ingere muito açúcar branco em sua dieta pode se tornar subnutrida por não ter apetite para ingerir nutrientes. Já no ensino fundamental esta orientação pode ser dada num linguajar acessível à criança, aqui uma aula na cozinha da Escola pode ser dada conjuntamente com orientador e equipe de cozinha. A criança brincando de preparar seu alimento, desde a forma de cortar os legumes e as raízes conforme a indicação da medicina Macrobiótica, sentirá prazer em comer o que preparou. Nestas aulas, todo esquema de segurança é necessário, desde cuidado com panelas quentes, o fogo e o uso dos objetos cortantes. Higienização pré e pós o preparo alimentar é prática indispensável, muitos destes pequenos vivem em lares cujos adultos desconhecem a importância para a saúde da prática de higiene e profilaxia.

Já que estamos falando em nutrição alimentar adequada, porque não aproveitar espaços, vasos e cochos para o plantio de verduras e leguminosas e ainda pequenas árvores frutíferas na Escola para a colheita e preparo nas aulas de alimento. É sabido que muita fome advém pela preguiça de produzir alimentos. Certa ocasião morando em uma chácara na cidade de Jales, interior de São Paulo, resolvi fazer canteiros para a criação de uma horta, com o auxílio de minha esposa e filhos. As crianças eram pequenas e adoraram a brincadeira, plantamos cenouras, rabanetes, couves, jilós, alfaces e outros vegetais mais. As tarefas eram distribuídas e executávamos um rodízio, os trabalhos mais pesados ficaram comigo e minha esposa, como o preparo do adubo orgânico, a retirada da tiririca da terra, o revolver da terra, porém, o regar duas vezes por dia, tirar matos que cresciam juntamente com o plantio, era tarefa dos pequenos. A natureza é tão generosa que três meses depois que nos mudamos da chácara, a horta entregue ao abandono, cheia de matos, ainda produzia.

Ensinar a criança como se produz uma horta é uma das formas de se evitar a fome e a ociosidade.

Completando o programa, a Yoga, o Tai-chi-chuan ou o Liangong para crianças são práticas bem-vindas por trabalhar o equilíbrio, a agressividade e o autodomínio e suscitar a paz interior, repito, não importando a classe social e étnica da criança do ensino fundamental. Brincar aprendendo com as cores (cromoterapia), seu valor curativo e perigo de se submeter em demasiado tempo sob determinadas cores, aprender a tocar seu companheiro sem receio para perceber que os sentimentos de amizade e respeito podem ampliar através do toque.

O Feng Shui não pode ser esquecido, nem mesmo o Ikebana para suscitar a beleza e a harmonia da natureza em harmonia com seu bem-estar interior. O Professor Terapeuta não terá sucesso total se não tiver inteiro apoio e participação de toda a Escola, pais de alunos e também da comunidade. O Diretor Pedagogo é o principal ponto de apoio para o sucesso deste programa de vital importância, basta que tenha consciência da grandiosidade do projeto, estando ciente de estar contribuindo para um futuro melhor, moldando crianças em futuros homens e mulheres conscientes do seu corpo, seguros e livres de uma medicina corporativista, indutora e dominadora.

2.2. A Naturologia inclusa no Ensino Médio

Manter o povo na ignorância em todas as épocas foi a fórmula mágica que os dominadores encontraram para subjugar e oprimir, assim foi com os Faraós Egípcios, com os Czares Russos, com o Catolicismo na Idade Média. Roma sabia do poder que pode representar um povo unido, por isso afirmava: "Vox Populi, Vox Dei", mas também afirmava que a melhor maneira de dominar esta massa mão de obra tão necessária à produção de serviços escravos bastava fornecer "pão e circo".

Hoje não é diferente, no Brasil, eleitores ignorantes são fáceis de serem induzidos, o mesmo acontece com as instituições de saúde, doenças produzem lucros incríveis, com elas lucram os grandes e pequenos laboratórios farmacêuticos, os hospitais, os fabricantes de aparelhos diagnósticos, os convênios médicos e, não poderia ser diferente, a Medicina Clássica. Por outro lado, existem médicos que são vítimas da própria medicina, como por exemplo o médico Alex Botsaris formado pela Universidade Federal do Rio de Janeiro que teve a infelicidade de perder seu filho numa UTI de neonatal. Fatalidade? Erro? O que poderia ter sido feito e não foi? Em seu livro "Sem Anestesia" (2001 – p. 111) escreve: – *"Com a piora da qualidade da medicina, os pacientes estão se tornando mais exigentes. A Internet oferece acesso a grande qualidade de informações, o que faz de alguns, muitas vezes, pessoas mais informadas que seus próprios médicos. Isso geralmente ocorre quando este tem uma formação deficiente, não se atualiza, ou quando, assediado pelo paciente, foge de assuntos que o incomodam. Muitas vezes, esse médico carrega insegurança inconsciente que aflora como raiva ou com a sensação de que está sendo desafiado. Pode até mesmo tornar-se agressivo, levantar a voz e discutir com o paciente, perdendo o controle da situação"*.

Neste mesmo livro relata que um empresário carioca resolveu marcar hora com alguns pediatras, para escolher o mais adequado para cuidar de seus filhos, – foi recebido pelo Dr. M., no Rio de Janeiro. Notou a surpresa do seu interlocutor ao revelar o motivo da consulta. *"O senhor está aqui para me avaliar?"*, perguntou em tom ameaçador. *"Certamente"*, respondeu Roberto, *"pois não vou colocar meus filhos na mão de um pediatra sem ter certeza de sua competência e conhecer sua linha de conduta. Por exemplo, não quero um médico que fique entupindo meus filhos de antibiótico"*, informou. O Dr. M. encarou aquilo como um desafio e aumentou a voz: *"Antibiótico é um excelente medicamento, e eu o uso sempre!"*

Um povo esclarecido sobre formas de manter ou restaurar a saúde de forma natural e livre de medicamentos alopáticos não é conveniente para o sistema de saúde atual, porque iria gerar menos lucros.

Alguns laboratórios mais espertos sentem que se não mudarem já, terão problemas financeiros futuros e com isso procuram patentear produtos fitoterápicos da herbacopeia Brasileira, principalmente à amazônica que, aliás, diga-se de passagem, os laboratórios estrangeiros já fazem isso há muito tempo e por quê? Porque sabem que com os meios de comunicação modernos como a Internet, a televisão, entre outros, o povo cedo ou tarde se tornará mais esclarecido e com isso consumirá menos produtos químicos, agrotóxicos e adubos orgânicos e, como já vem ocorrendo, combaterá cada vez mais através de ONGs não governamentais a poluição atmosférica, lixos jogados nos rios, no mar e poluição sonora dos grandes centros que atingem decibéis insustentáveis aos ouvidos humanos. O planeta se encontra ameaçado pelo homem e o homem é subjugado pelo homem onde os dominadores dizem: – Fazem o que digo porque disso entendo eu.

Este é o planeta que desejamos para nossos filhos? Alguns dizem, não há nada que fazer, o mundo é assim! É verdade que quando se fala em mudanças, mesmo que seja para melhor, existe certa resistência, é próprio do ser humano porque quem está ganhando não quer perder, mesmo que seja em detrimento do bem-estar de meu próximo, aqui cabe bem esta frase popular: – Mateus, primeiro os teus!

Se for tão difícil mudar esta situação, então o que fazer?

Só é possível mudanças, quando mudamos hábitos enraizados e consciência, e para tal é preciso tempo para que novas gerações surjam com nova mentalidade. A questão é como convencer nossa geração que os antigos estavam certos em relação a determinados procedimentos de saúde, uma vez que hoje, em pleno século XXI, o mundo se encontra tão evoluído tecnológica e cientificamente?

A ciência moderna é maravilhosa, galgamos, em poucas décadas, o que não se conseguiu em milênios, a ciência e a tecnologia evoluem a passos vertiginosos, basta observar a informática, nela temos recursos que há um ou dois anos não se sonhava. Então por que temos que volver a um passado distante? Por que temos que trazer de volta pontos e meridianos chineses, do-in, medicina natural, técnicas milenares de saúde? Não é o mesmo que regredir, voltando no tempo?

Entre as técnicas milenares de saúde e bem viver, existem as que em suas práticas através dos tempos demonstraram grande eficácia e facilidade de ação, sem contraindicações ou efeitos colaterais mesmo não tendo comprovação científica, outras são mero modismo da época sem valor.

É preciso saber separar o joio do trigo. Pierre Huard e Ling Wong demonstram claramente isso em seu livro "Cuidados e Técnicas do Corpo na China, no Japão e na Índia" (1971), ficando claro que em cada época com seus fetiches, suas ignorâncias e modismos, como hoje, tiveram atitudes acertadas, exóticas ou estúpidas em relação à saúde, conforme a influência recebida, ora religiosa, ora dinástica, ora modismos. Alguns absurdos provocados em nome do modismo e da beleza como, por exemplo, o de deformar o pé das mulheres na China antiga, para que permanecessem pequenos com comprimento entre 14cm e largura de 6cm, mal podiam andar, mas em compensação, a balnearioterapia utilizada na Roma antiga pode e deve ser restaurada devido o seu benefício à saúde, como banhos de imersão para baixar a pressão arterial, banhos de contraste para manter ou restaurar a saúde, banho de assento para litíase renal, etc., as diversas modalidades de massagem que podem tratar das mais diversificadas patologias, pensa-se hoje em dia que massagens são úteis apenas para dores musculares, dores nas costas, torcicolo, engano, a massagem denominada shiatsu pode eliminar desde uma crise de asma em uma criança ou mesmo tratar de diabetes ou problemas de saúde dos mais diversos.

Nossos jovens são os futuros Professores, Médicos, Políticos, Advogados entre outras profissões e se forem conhecedores da necessidade de se criar uma medicina natural no Brasil, assim acontecerá. A medicina clássica tem seus méritos, não se pretende com isso tirar seus méritos, mas sim somar às terapias naturais por ser barata e fácil de ser praticada, ela não tem por objetivo substituir a medicina clássica, mas sim reduzir o uso constante de medicamentos nocivos à saúde, reduzir cirurgias desnecessárias, não eximirá a visita periódica ao médico, mas fará com que muitos problemas, tais como: cólicas, dores e muitas patologias psíquicas e somáticas sejam previamente tratadas em casa, por estas razões vejo a necessidade de se implantar como matéria escolar também no ensino médio para que quando atingirem a faculdade estejam conscientes dos métodos naturais de tratamento e que o sistema de saúde também deve ser mudado.

Também não adianta nada estes conhecimentos serem levados em classe sem uma democrática e consciente gestão escolar e como já disse necessário se faz com que a pedagoga gestora compre a ideia e discuta seu programa com toda a equipe, pais e comunidade para que possa existir um programa consciente e eficiente.

Aos jovenzinhos do ensino médio possuidores das técnicas do Do--In oriundas do ensino fundamental, cabe um maior entendimento do que é terapia natural e para tal o programa de ensino deve ser bem elaborado e esclarecedor, não bastando apenas informar, mas também promover a conscientização de seus benefícios através de práticas e vivências que venham contribuir para uma melhor qualidade de vida para si, extensiva a seus familiares de forma que se torne um hábito de saúde em seu cotidiano, conhecedor de uma nova maneira de prevenir suas próprias doenças e tratar as já existentes, com segurança, por exemplo:

- Prática de exercícios equilibradores, tais como: Do-In, Liang Gong, Tai Chi Chuan, Yoga, Meditação, GRH (Ginástica Regenerativa Humana), entre muitas;
- Conhecer os benefícios e praticar pelo menos uma massagem dentre as mais conhecidas: Shiatsu, Sueca, Rítmica, Psíquica, Desportivas, Ayurvedica, Quick Massage, entre muitas outras;
- Ter conhecimentos basicos de fitoterapia, Florais, Cromoterapia, ortomolecular, homeopatia, etc., para poder escolher a terapia indicada para determinados tratamentos, algumas destas terapias, fáceis de praticar, podem ser usadas domesticamente e outras não.
- Ser instruído sobre o que é: Medicina Alopática, Medicina Ayurvedica, Medicina Holística entre muitas outras.

2.3. Um programa de ensino escolar que permite trocar o sistema falido de saúde por um sistema de saúde modelo para um futuro melhor.

"Atualmente é possível conceber um tipo totalmente novo de educação, que envolve a totalidade das atividades humanas, desde o nível fisiológico, através dos níveis intelectual, moral e prático, até o nível espiritual – uma educação que, ao ensinar às crianças um melhor uso de si mesma, é capaz de preservá-las da maioria das doenças e maus hábitos que atualmente as afligem; uma educação que, pelo treinamento da inibição e controle consciente, daria aos homens e mulheres os meios psicofísicos para se comportarem racional e moralmente." (Michael Gelb,1987.)

Penso que cada naturalista vislumbraria o programa educacional da disciplina de Naturologia da Escola Infantil, Ensino Fundamental e Médio, em conformidade com as técnicas nas quais lhe seriam mais familiares, uma vez que a chamada "Medicina Natural" (este nome causa alergia aos médicos convencionais) é um campo vasto de conhecimentos no que tange a cura, prevenção de doenças e analgesias (dores), cito como exemplo o fato de vários alpinistas escalarem uma montanha, cada qual por um lado diferente, uns encontrarão grandes dificuldades na subida, por ser um lado perigoso e de difícil acesso, outros encontrarão facilidade pelo fato da subida ser menos íngreme, porém, ao atingirem o topo todos verão a mesma paisagem, quero dizer com isso que sejam quais forem as técnicas utilizadas, se realizadas com critério e objetivo dentro dos princípios naturais, certamente os resultados serão maravilhosos, é verdade que alguns são mais diretos e outros dão mais voltas.

Para que se possa ter uma ideia do conteúdo desta disciplina inclusa no currículo escolar, lanço abaixo o programa de minha sugestão desde os seis anos de idade até os 18 anos, idade que se conclui o ensino médio.

Desconheço até o presente momento o emprego de tal prática em nosso País, mesmo que de forma experimental em qualquer escola mantida pelo governo ou de cunho particular, por este motivo posso dizer que o exposto abaixo é pura teoria e não prática consagrada no Brasil, somente meus 39 anos de experiência profissional e estudos sobre o assunto me fazem acreditar nos bons resultados que poderão advir de tal prática, porém, como disse anteriormente, esta prática é comum nas empresas e escolas do mundo oriental, onde os bons resultados são postos à prova o tempo todo.

Para que se possa comprovar sua eficácia é preciso de forma experimental colocar em pratica e talvez sofrer algumas adaptações para melhorias através dos anos até se atingir a perfeição. Não vale a pena experimentarmos se pretendemos dar a nossos filhos um mundo melhor que o que possuímos hoje?

As atividades sugeridas em cada ano letivo serão distribuídas de acordo com a idade e capacidade de assimilação, conforme sua faixa etária.

Idade de 6 e 7 anos:
- A flexibilidade óssea nestas idades é um fator importante para alguns movimentos que seriam mais difíceis de ser praticados em idade mais avançada, a Hata-Yoga para crianças que tem como

objetivo promover o domínio do corpo físico e o Do-In para criança que visa manter ou restaurar o caudal bioenergético humano são sem sombra de dúvidas um bom começo, ou ainda o GRH – Ginástica Regenerativa Humana, do Professor Tomio Kikushi do Instituto Princípio Único, esta técnica tem como objetivo restaurar ou manter até o limite a amplitude dos movimentos, movimentos estes reduzidos ou bloqueados com a idade pela falta de uso (atrofiam), é indispensável iniciar nestes exercícios ainda quando jovem e possuem boa flexibilidade (melhor prevenir que remediar), é importante ressaltar que estas práticas devem ser vistas como brincadeiras pelas crianças e não como obrigação entediante, disputas de quem faz melhor o exercício, premiações ou outros estímulos devem ser oferecidos

- As disfunções, limitações, desinteresse, entusiasmo e progressão de cada criança devem ser registrados numa ficha de anamnese muito bem elaborada e acompanhada através dos anos do infantil até o final do ensino médio, com os seguintes objetivos:
  1. Para fim estatístico e comprobatório da eficácia do programa;
  2. Para que saiba futuramente quais suas fraquezas para melhor poder trabalhá-las e superá-las, sejam elas psíquicas ou somáticas.

- Nestes dois anos, a criança praticando estes exercícios semanais com um bom acompanhamento começa a descobrir o corpo e o prazer de usá-lo em movimentos livres compostos de muita energia, a menos que tenham sido bloqueados com muitos "nãos", severidade e bloqueios outros dos mais diversos.

- Nesta idade, são aconselháveis exercícios que destaquem a flexibilidade e a liberdade de ação, aqui o Do-in deve ser ensinado brincando sem procurar fazer com que entenda a razão de cada movimento.

- A GRH (Ginástica Regenerativa Humana), de Tomio Kikuchi, tem como objetivo atuar sobre movimentos e aberturas bloqueadas nas diversas partes do corpo, procurando manter ou restaurar inflexibilidades das mais diversas, este exercício deve ser mesclado à prática do Do-In, de forma prazerosa sem exigir perfeição do pequeno. Aqui o "Professor Terapeuta" tem possibilidade de analisar seus alunos e estudar maneiras de corrigir suas limitações, suas ansiedades e bloqueios psicossomáticos, acompanhar e anotar a evolução. Os resultados do trabalho devem ser relatados aos pais para que possam colaborar e entender sua importância. A carga horária das aulas fica a critério do coordenador e instrutor que define democraticamente com a equipe escolar.

- Este programa pode e deve ser introduzido às classes especiais, tais como deficientes físicos, retardamento mental e Síndrome de Down, diferenciado para servir a cada grupo.
- Para Autistas é aconselhável iniciar com a Musicoterapia, onde estudos recentes comprovam sua eficácia em torná-los mais calmos. Com o passar do tempo, gradativamente, inicia-se a introdução aos movimentos de Do-In e GRH.

Idade de 8 e 9 anos:
- Os programas de exercícios de Hata-Yoga, Do-In e GRH devem ser mantidos para a continuidade do bem-estar bioenergético de cada aluno individualmente nestes quatro anos seguidos, sendo cada prática realizada uma vez por semana, isto porque somente através da persistência é que se cria hábitos saudáveis. A manutenção permanente ou restauração da saúde acontece a longo prazo.
- A Massagem é uma fonte de saúde psicossomática, isto porque o toque reduz a sensação de diferença e desigualdade, o toque metódico e científico nas diversas partes do corpo promove equilíbrio, reduz o hipertônus muscular, reduzindo com isso o estresse e a tensão emocional, se introduzido com critério por crianças nesta faixa etária teremos com certeza crianças menos agressivas Nestas idades, a introdução aos benefícios da massagem como hábito salutar é adequada. De uma forma alegre e brincando, são introduzidas brincadeiras corporais relativas ao toque, tais como:
  1. Descompressão muscular em duplas de dois em dois alunos, revezando em cada exercício ou em grupos maiores, até que toda classe reveze, trabalhando os músculos da tensão do dia a dia dos grupos musculares do pescoço, nuca, ombros, escápula e costas. Trata-se de massagens de solo sobre um tatame ou acolchoado. Os pares não devem ser mantidos e sim trocados a cada dia de exercício. Estes exercícios são indispensáveis aos portadores de deficiência física. Aos deficientes mentais requer cuidados especiais, principalmente no caso de autismo, casos mais graves devem ser estudados em particular. Estes exercícios visam trabalhar músculos tensionados ocasionados pela pressão do dia a dia que o menor enfrenta ao mesmo tempo em que reduz a distância entre ele e seu semelhante, tornando-o mais

humano e complacente com seu semelhante. Aqui, o professor Terapeuta observa através do ano letivo a evolução de cada aluno quanto a agressividade, timidez, distância e outros quadros, registra a transformação obtida na ficha de anamnese já mencionada, relatório este que será encaminhado para a fase seguinte, a de 10 e 11 anos de idade. Uma vez por semana ou quinzenalmente é o suficiente para esta atividade.

De 10 e 11 anos:

- Os programas anteriores devem ser mantidos ainda nesta faixa de idade, criando-se hábitos de saúde em cada programa, devendo existir variações diferentes em cada atividade para que não se torne uma rotina enfadonha, e isto dependerá da capacidade criativa de cada terapeuta. O pequeno deve entender que estes hábitos de saúde são tão importantes quanto um banho diário, escovar diariamente os dentes após as refeições ou uma visita periódica semestral ao dentista e também ao pediatra.

- Nestas idades, a criança estará pronta para receber orientação sobre cromoterapia e a influência das cores em sua vida, capazes de promoverem saúde ou mal-estar. A influência dos espectros, as cores devem ser ensinadas também de forma alegre e brincando com aulas em classe e fora da sala de aula, observando ambientes ao ar livre, a pintura de casas, os diversos tons de verdes das plantas e as diferentes cores das flores. Deve o terapeuta questionar o sentimento que cada ambiente e cor podem causar em seu estado emocional, devem ser introduzidas em sua aprendizagem as variações que vão desde o ultravioleta que é o extremo Yin ao infravermelho que é o auge do Yang, seu significado de cor quente a cor fria, deve ser ensinado a respeito da influência de uma cor constante em sua vida, em seu psicossomático, deve conhecer a influência que cada cor exerce sobre seu estado de saúde. Aqui introduzimos o menor ao conhecimento da ciência denominada CROMOTERAPIA que é a manutenção do bem-estar ou a cura de doenças através das cores. No final do ano letivo, num trabalho de grupo, os alunos podem construir um aparelho de criação caseira de cromoterapia. Estes alunos poderão apresentar este aparelho, sua maneira de uso e seus benefícios numa feira de ciências, submetendo pais, professores e a própria comunidade à cromoterapia em uma apresentação. Este trabalho pode ser apresentado de forma bem simples ou bem sofisticada, dependendo do poder aquisitivo do grupo. O que importa nesta fase é aprender sobre um sistema terapêutico eficaz na cura de diversos males psicossomáticos, claro, não de forma aprofundada, afinal falta idade para entender o princípio da cromoterapia profundamente, mas conhecer a influência das cores em sua saúde, inclusive o mal causado pela submissão por muitas horas à lâmpada fluorescente que produz a luz quebrada ou a luz estroboscópica muito usada em boates, conhecida como luz negra, etc.

Idade de 12 e 13 anos:

- Os exercícios de Do-In, GRH e trabalho com cromoterapia devem ser mantidos e aperfeiçoados e gradativamente receberão mais conhecimentos sobre os temas, mais instruções sobre cada item, as massagens podem ser realizadas com mais intervalos e em ocasiões mais específicas, como, por exemplo, em ambientes especiais para que se perceba a influência do ambiente sobre o toque, tais como: em um bosque numa manhã com o sol antes das 10 horas ou à tarde depois das 17 horas ou ainda em uma praia. Esta atividade fará com que a criança adquira mais sensibilidade e sinta a influência do ambiente em seu corpo, preparando-as para a próxima atividade.
- Nesta faixa etária iniciaremos a instrução sobre a influência do ambiente em que vivemos em nossas vidas, em nosso estado de saúde e principalmente em nosso estado emocional, trata-se do sistema milenar de alterar ambientes possuidores de energia ambiental negativa por energia positiva, estamos falando do FENG SHUI. Esta atividade delicada que exige para a sua prática muita sensibilidade e percepção torna a criança conhecedora e dominadora de cada ambiente que frequenta. O dinamismo, o estímulo à percepção de detalhes ambientais com conhecimento lógico, produtor dos mais diversos tipos de ambientes devem ser apresentados ao aluno para adquirir o conceito do que queremos transmitir. A lei do Dragão e do Tigre devem ser entendidas em suas minúcias, e que os pontos cardeais devem ser respeitados quanto à disposição dos móveis ou a disposição de cada cômodo de uma casa em relação a eles, caso o ambiente esteja "doente", é preciso conhecer a "cura". O aluno nesta idade já pode entender que para cada "mal" (um ambiente inadequado ou lugar inadequado, ou disposição de móveis

inadequados), pode haver uma "cura" (uma solução), através de um "baguá" ou mudanças a serem efetuadas. O Feng Shui não é modismo, ficção ou superstição, é ciência comprovada na prática através dos milênios. É conhecida a história de uma agência bancária em Hong Kong passando por diversas dificuldades, dentre elas a incapacidade de manter ou aumentar o número de clientes, até que o gerente deu atenção à sugestão de uma senhora idosa, uma cliente que sugeriu mudanças ambientais simples, tais como a disposição de quadros, plantas e móveis, o resultado foi positivo, a agência bancária cresceu.

- A introdução ao "Ikebana" aqui é bem-vinda como complemento para o estudo do Feng Shui, uma vez que o Ikebana auxilia no desenvolvimento da sensibilidade humana.
- O mundo seria diferente, mais humano se nós todos fôssemos mais sensíveis e capazes de contribuir para a mudança do feio, do desagradável, do produtor de energia negativa, do triste em bem-estar, alegria, harmonia, beleza e felicidade.
- Como vimos, nesta fase escolar o aluno aprende a interagir e a influenciar o ambiente onde vive de forma positiva, adequando e prevenindo os mais diversos males, tanto psíquico como somático, promovendo harmonia aos seus habitantes ou visitantes. A harmonia dos ambientes pode contribuir para um mundo melhor em diversos aspectos.
- No final do ano letivo um bem elaborado trabalho de grupo pode ser apresentado de forma bem ilustrativa e instrutiva à comunidade, aos pais e professores numa feira demonstrativa.

Idade de 14 e 15 anos:
- Adolescência, idade das acnes derivadas da má fermentação estomacal, da insegurança, de não saber exatamente se já é adulto ou ainda criança, dependendo do que faz obtém a seguinte resposta: – Não acha que está bem crescidinho para fazer isso? Ou então: – Calma lá, você ainda é muito criança! Nesta fase da adolescência noções de alimentação salutar e fitoterapia devem ser introduzidas. Até então muito açúcar branco, refrigerantes e sanduíches são regra na vida do adolescente. Conhecer o risco para a saúde física e mesmo mental quando não se alimentam adequadamente, riscos da obesidade, riscos da anorexia, a acne ou a estomatite (afta) ou excesso de condimentos.

- Noções dos diversos tipos de alimentação, seus prós e contras, tais como: A Macrobiótica, a Vegetariana, a Carniceira, entre outras.
- O mal causado por agrotóxicos e adubação química.
- Aulas práticas de produção de alimento devem ser introduzidas caso haja ambiente adequado na escola.
- Plantio de uma horta e também de determinadas plantas fitoterápicas caso haja espaço adequado para tal.
- Introdução à Ecologia, poluições: Sonora, do ar, dos rios, desmatamentos, efeito estufa, visitar na Internet as ONGs que defendem o meio ambiente e até mesmo se comunicar com elas via *e-mail* ou cartas, solicitado informações, etc...
- No final do ano, apresentação de trabalho de grupo à comunidade, professores e pais de alunos.

Idade de 16 e 17 anos:
- A prática do Shiatsu como matéria, uma prática massoterápica profilática e curativa pode ser ensinada nesta fase como massagem de solo. Nesta fase, é sugerida apenas a prática sem aprofundamento teórico qualquer. O adolescente pode ser o divulgador de sua prática dentro do próprio lar e na comunidade. Como toda terapia tem seus benefícios e contraindicações é preciso estar consciente das suas contraindicações e cuidados especiais durante a gravidez, 3ª idade e infância ou mesmo em determinadas patologias.
- Prática deve ser realizada entre alunos e, no final do ano, uma atividade entre alunos, pais, comunidade e professores pode ser realizada como demonstrativo.

Idade de 18 anos:
- Noções teóricas podem ser introduzidas, tais como:
  1. Diferença entre: Toque, Massagem, Massoterapia, Massopatia e Quiropatia.
  2. Noções fundamentais de: Energia Vital, Ki, Yin/Yang, meridianos chineses praticados no Shiatsu.
  3. Noções do seu corpo bioenergético. Se possível, a Escola deve adquirir uma máquina Kirlian que fotografa a aura humana para estudo.
  4. Aqui chegamos a um ponto de conhecimentos adequados a um viver melhor e uma capacidade de escolha da terapia adequada ao seu caso, evitará ao máximo o uso de medicamentos nocivos à saúde, repletos de contraindicações e efeitos colaterais.

Capítulo III.   Currículo Da Educação Básica.

3.1.   Parâmetros Curriculares Nacionais para o Ensino Fundamental e para o Ensino Médio: a saúde em questão.

Abrangendo a saúde como tema transversal, proposto pelos **Parâmetros Curriculares Nacionais (PCNs) de 1997**, fica explícito que a Saúde é um assunto de abrangência global e urgência Nacional. Independentemente da localidade, certamente questões sobre a relação do homem, sua saúde e a relação entre saúde/doença com o ambiente são abordadas diariamente, quer pelos meios de comunicação, em um bate-papo informal, apresentados como atividades escolares ou mesmo em projetos empresariais, ainda que, inicialmente, no cumprimento de exigências legais.

Nos capítulos anteriores deixamos claro que a humanidade encontra-se em um momento de definição histórica que exige mudanças imediatas, muito embora ainda seja forte a dicotomia cartesiana entre homem, saúde e natureza, ou seja, a saúde legada a um grupo corporativista e o conceito de meio ambiente reduzido à dimensão naturalista, é possível observarmos uma mudança significativa nesse sentido apoiada pelas políticas educacionais, programas e atividades presentes na educação escolar.

Assim…

> *"Como Pedagogos, devemos estar plenamente conscientes de nosso papel na formação de indivíduos para o EXERCÍCIO DE SUA CIDADANIA EMANCIPATÓRIA. Nesta formação, o cidadão deve atuar como indivíduo imerso na realidade social onde há conflito de interesses. As regras sociais devem ser vistas como resultantes das interações e os sujeitos como agentes desta realidade. A educação para a cidadania, na racionalidade emancipatória, prepara o indivíduo para se situar e atuar dentro deste contexto, portanto, é a que melhor prepara os atores sociais para intervirem de forma construtiva na melhoria de qualidade de vida global e local. Partindo da realidade local, busque auxiliar pessoas, que estejam direta ou indiretamente sob sua influência, a compreenderem a importância da interação individual com o meio ambiente e sua relação com a saúde e qualidade de vida". (GIROUX, 1986.)*

Pelo exposto acima, como pode ser visto no capítulo anterior, na programação da disciplina do ensino médio, o programa contém, além de prevenção e tratamento de diversas patologias praticadas individualmente ou em grupo pelos alunos, o Feng Shui e a alimentação natural, desde o preparo do solo para o plantio até a mesa e também visitas aos mais diversos ambientes naturais conservados contaminados ou destruídos pelo homem e, também, a ambientes artificiais criados com todo critério e normas a preservar e produzir saúde e os que são nocivos à saúde tanto mental como física.

O Pedagogo deve estar ciente de que a formação do indivíduo para o exercício de uma cidadania emancipatória principia na qualidade de vida, sendo conhecedor da realidade que o cerca e futuro ator das mudanças necessárias para um futuro melhor por ter sido instruído a respeito da urgência destas necessidades, sendo capaz de pôr um basta às determinações de uma minoria corporativa e dominadora.

"Entender e fazer entender que a qualidade de vida é a condição maior da existência humana e é preciso que essa existência seja sadia e tranquila" (ARAÚJO, 2008, página 11), onde o homem precisa da mata, da água pura, do ar despoluído, da camada de ozônio, de boa condição fisiológica e psicológica interagindo com o mundo que o rodeia em perfeita harmonia, e que os plantios devem produzir produtos da época, sem agrotóxicos ou adubos químicos que alteram a qualidade nutriente dos produtos a serem ingeridos, onde ruídos que produzam malefícios tanto aos tímpanos como à mente humana, causadores de estresse, sejam eliminados do mundo.

Ambientes insalubres proporcionam impactos no comportamento, na cognição e no metabolismo humano de um modo geral e, consequentemente, causam também prejuízos econômicos e sociais. Um bom gestor deve estar atento a esses aspectos que certamente contribuirão para o diferencial qualitativo necessário a sua boa atuação.

A qualidade de vida ambiental deve principiar na construção e manutenção criteriosa das escolas, com condições térmicas adequadas ao nosso clima quente e tropical, deve-se cuidar do arejamento sem ventos encanados tão prejudiciais à saúde (energia perversa, na versão dos chineses), com filtragem para poluições advindas de fora produzidas pelo escapamento de veículos a diesel ou fábricas poluidoras, com isolantes para ruídos externos prejudiciais e produtores de estresse, tanto para os alunos como para os profissionais envolvidos no trabalho escolar, causadores de prejuízo ao processo de ensino-aprendizagem.

Vasos sanitários devidamente limpos após cada uso para se evitar contaminação, caixas d'água tampadas e limpas a cada seis meses, manutenção permanente e água potável devidamente filtrada e de boa origem. Epidemias ou contágios, viroses, tuberculose, meningite entre outros e até "piolhos" devem ser disseminados e prevenidos através de profilaxia e auxílio das técnicas mencionadas no capítulo anterior.

As escolas sejam particulares ou mantidas pelos governos municipais ou estaduais seguem os critérios de construção ou manutenção acima mencionados? O corpo de profissionais das escolas se empenha em cuidar, manter ou exigir qualidade de vida para o próprio ambiente em que trabalham? Adequações são feitas em caráter de urgência? Se não soubermos exigir e cuidar do nosso próprio ambiente de trabalho, onde passamos juntamente com nossos alunos uma grande parte de nossos dias, não teremos certamente qualificação de cuidar da produção de um futuro melhor no meio em que vivemos. Antes de uma escola modelo em qualidade de vida, é preciso instruir e educar toda equipe profissional "todos devem falar uma única língua".

> *"[...] trabalhos precisam ser desenvolvidos visando, entre outros aspectos, orientar os profissionais que atuam no processo educacional a reconhecer a importância de um ambiente adequado para a melhoria de suas funções e qualidade de vida. É preciso identificar as fontes poluidoras, destacando suas implicações no meio ambiente, no conforto, na saúde e no processo ensino-aprendizagem, para que possam ser adotadas ações conscientes permanentes, de forma a reverter a atual situação encontrada em diversas comunidades. Medidas paliativas não serão suficientes para resolver os problemas identificados". (Azevedo, 1994, página 32.)*

Segundo sua constituição, a OMS – Organização Mundial de Saúde, tem por objetivo desenvolver ao máximo possível o nível de saúde de todos os povos. A *saúde* sendo definida nesse mesmo documento como um ***"estado de completo bem-estar físico, mental e social e não consistindo somente da ausência de uma doença ou enfermidade"***. (Wikpédia, 2009).

O Brasil tem participação fundamental na história da Organização Mundial da Saúde, criada pela ONU para elevar os padrões mundiais de saúde. A proposta de criação da OMS foi de autoria dos delegados do Brasil, que propuseram o estabelecimento de um "organismo internacional de saúde pública de alcance mundial". Desde então, Brasil e a OMS desenvolvem intensa cooperação. Sua sede é em Genebra, na Suíça. A diretora-geral é, desde novembro de 2006, a chinesa Margaret Chan. (Wikpédia, 2009.)

Apesar da definição de saúde e do nobre objetivo de desenvolver ao máximo possível o nível de saúde de todos os povos pela OMS, em pleno século XXI continuamos com os mesmos problemas do século passado relativos à saúde, meio ambiente, desmatamentos, poluições de todos os tipos, fome, miséria, criminalidade e o cativeiro da ignorância da maioria da população por interesse de uma minoria dominante. Assim aconteceu em todas as civilizações anteriores e vamos permitir que as gerações futuras continuem assim?

Acreditamos que a Educação é o elemento crítico para o combate à crise ambiental do mundo que tem afetado a saúde da população, independentemente da raça, gênero ou condições sociais (ainda que os menos favorecidos apresentem-se como os mais afetados). Esta mudança de cenário deve ocorrer a partir do treinamento de professores e o desenvolvimento de novos recursos e métodos instrucionais da educação no âmbito formal ou não formal. (Araújo, 2008, página 21.)

3.2. A Agenda 21

A Agenda 21 é um documento aprovado na Conferência Mundial sobre Meio Ambiente e Desenvolvimento (ECO-92), que ocorreu no Rio de Janeiro em 1992 e obteve a adesão de 178 países. Composto de 40 capítulos, o documeto tratou de preparar ações para o século 21, com vistas a reverter o quadro de degradação ambiental das décadas finais do século 20. A sessão I, capítulos de 2 a 8, aborda a proteção das condições de saúde humana.

Na seção I, Capítulo 6, aborda a Proteção e Promoção das Condições da Saúde Humana, destacando os Desafios da Saúde Urbana. Têm-se como objetivo a melhoria da saúde e o bem-estar de todos os habitantes urbanos, para que estes possam contribuir com o desenvolvimento econômico e social.

Ainda na mesma sessão consta que dentro das atividades, os programas de ação definidos nacionalmente, com auxílio e apoio internacional, quando necessário, devem desenvolver o conhecimento e as capacidades práticas necessárias à prevenção, identificação e redução de riscos à saúde definidas como:

1. Conhecimento sobre problemas de saúde decorrentes de perturbações no meio ambiente e consciência de sua existência por parte de líderes, cidadãos e especialistas;

2. Mecanismos operacionais de cooperação intersetorial e intergovernamental no desenvolvimento de planejamento e gerenciamento e no combate aos diversos tipos de poluição;

3. Dispositivos que integrem os interesses privados e da comunidade, envolvendo atores sociais diversos, no trato das questões ambientais.

Como demonstrado nos capítulos anteriores, vejo este programa incompleto, uma vez que saúde não se restringe apenas ao meio ambiente, mas também ao meio ambiente. Neste caso, como conscientizar os profissionais de ensino para a realização de um completo programa de saúde? Como fazer cumprir um programa de ação com dimensões sociais e econômica que busque a proteção e programação das condições de saúde humana?

> *"O papel da educação na disseminação do conhecimento e na formação básica para o cumprimento de programas de saúde como processo de desenvolvimento e capacitação humana deve estar intimamente relacionado à visão do mundo, do local e da qualidade de vida do homem. Através da educação, o homem toma consciência da necessidade da participação de todos na preservação do meio ambiente, e de sua responsabilidade em qualificar-se para atuar como participante consciente e indispensável à saúde e qualidade de vida."* (Carvalho, 2002, página 27.)

3.3. Os Temas Transversais

A educação brasileira, a partir do ano de 1996, vem sendo considerada segundo novas regulamentações legais. No período de 1995 a 1998, o Ministério da Educação e Desportos elaborou os Parâmetros Curriculares Nacionais (PCNs) que, vinculados à LDBEN – 9.394, visam estabelecer diretrizes para o currículo do ensino fundamental (1º ao 9º ano) e servir como referência nacional, seja para a prática educacional, seja para as ações políticas no âmbito da educação.

> *"Por sua natureza aberta, [os Parâmetros Curriculares Nacionais] configuram uma proposta flexível, a ser concretizada nas decisões regionais e locais sobre currículos e programas de transformação da realidade educacional empreendidos pelas autoridades governamentais, pelas escolas e pelos professores. Não configuram, portanto, um modelo curricular homogêneo e impositivo."* (Brasil,1997a, p.13.)

Os temas transversais dizem respeito a conteúdos de caráter social, que devem ser incluídos no currículo do ensino fundamental, de forma "transversal", ou seja: não como uma área de conhecimento específica, mas como conteúdo a ser ministrado no interior das várias áreas estabelecidas.

> *"Este é um momento histórico muito significativo e que, portanto, requer a contribuição de estudiosos e pesquisadores para a reflexão sobre perspectivas de concretização dos PCNs, com o paralelo apontamento de estratégias limitadoras e facilitadoras desse processo. Em especial, a análise em torno da viabilidade dos "temas transversais" requer esforços de reflexão particularmente direcionados, tendo em vista o caráter de "novidade" que em si comporta, o nível de interdisciplinaridade requerido, bem como a necessidade de preparação dos professores para desenvolverem os temas."* (Figueiró, 2000, página 1.)

O ensino deve ser eficaz, abordando de forma dinâmica o desenvolvimento do meio físico/biológico, do sócio-econômico e do desenvolvimento humano (inclusive o espiritual), proposta prevista pelos PCNs – **Temas Transversais**, empregando os métodos formais e informais e meios efetivos de comunicação, necessários para a obtenção de seus objetivos. (Araújo, 2008.)

A escola deve preocupar-se com a prevenção, já que é a melhor opção. Dizem os chineses *"Curar uma doença é o mesmo que começar a cavar um poço depois que teve sede, pode ser tarde"*. (Ditado Médico Chinês.)

Toda e qualquer disciplina que aparentemente não tenha ligação com a cura e prevenção de doenças, através de processos naturais, tem seu foco interativo, uma vez que a Naturologia e o Meio Ambiente estão enraizados na história da humanidade, impossíveis de serem desmembrados mesmo que ignorados.

O Educador não precisa ser um *expert* sobre o assunto, devendo ser orientado e ao mesmo tempo tem o dever de pesquisar e discutir o assunto com toda a equipe de profissionais da Escola, para que possa haver uma perfeita interatividade.

As disciplinas:
- Corpo e Movimento;
- Higiene e Profilaxia; e
- Educação Física.

As três disciplinas expostas apresentam facilmente um elo com a Naturologia e o Meio Ambiente por se relacionarem com a saúde, porém:
- História; e
- Geografia física e Política.

São temas transversais de vital importância, uma vez que registram regiões de fatos ocorridos ou que estão acontecendo relacionados à Naturologia e ao Meio Ambiente, também de forma clara e objetiva.

Português e Matemática também apresentam transversalidades embutidas em Saúde e Meio Ambiente, uma vez que saúde tem seu vocabulário próprio e o naturalismo também, e incluindo ainda o Meio Ambiente, cálculos diversos.

A reflexão sobre a viabilidade dos "temas transversais" pode ser iniciada pelas condições do professor para colocar em prática o que determinam os Parâmetros Curriculares Nacionais. Para isso, é útil considerar a contribuição apresentada por Mizukami (1998), no V Congresso Paulista sobre Formação de Educadores. Ao estudar os documentos dos Parâmetros, a autora procurou conduzir sua análise em torno da seguinte questão-chave: que competências o professor precisa ter para que os PCNs se concretizem? De acordo com as determinações e as fundamentações teóricas presentes nesses documentos, identificou oito tipos de competências que são esperadas do professor, a saber:

1. Planejador central do currículo e do ensino.
2. Ser a figura central do processo ensino-aprendizagem.
3. Avaliador do progresso do aluno e observador dos eventos da sala de aula.
4. Educador do desenvolvimento pessoal de cada aluno.
5. Ser agente do seu processo de aprendizagem e desenvolvimento profissional.
6. Conhecer profundamente as Áreas de Conhecimentos e dos "temas transversais".
7. Educador de estudantes diversos.
8. Participar do projeto educativo da escola.

Ao que se percebe, portanto, é esperado que o professor seja um "superprofissional" e que tenha tido uma formação de qualidade primorosa, o que na verdade não condiz com a realidade.

A exigência de que seja um "educador de estudantes diversos" significa que o professor precisa saber lidar com os alunos de diferentes repertórios, uma vez que há diferenças socioculturais, emocionais e intelectuais entre eles.

Conforme apontou Mizukami (1998 no V Congresso Paulista sobre Formação de Educadores), ser "profundo conhecedor das áreas de conhecimentos e dos "temas transversais" implica que o professor tenha uma cultura geral sólida".

> *"Será que o professor conhece, suficientemente bem, conteúdos de outras áreas além dos de sua área de formação e atuação profissional? Será que conhece, com propriedade, os temas sociais que deverá abordar "transversalmente" em sua área de conhecimento. Estará preparado para ensinar sobre ética, educação ambiental, orientação sexual, pluralidade cultural e saúde?" (Figueiró, 2000.)*

Sabemos ser distante da realidade o apregoado por Mizukami e Figueiró. Falta de motivação salarial e outros empecilhos são verdadeiros desmotivadores da classe, onde apenas "cumprir sua tarefa diária", para muitos, é o suficiente e quem paga um preço alto com isso é a educação, os pais e principalmente os alunos. Conscientização se faz com estímulo, associado a amor à profissão.

Conclusão

Percorridas estas diretrizes teóricas para a implantação de um programa de Naturologia desde o ensino fundamental ao médio para uma visão mais clara do que venha a ser saúde e qualidade de vida às nossas crianças e adolescentes, provando que medicina nas atuais circunstâncias não significa saúde, criando nelas hábitos de saúde, dando a eles, recursos de cura e prevenção caseira de doenças, através das técnicas milenares, reduzindo o uso de medicamentos, muitas vezes tão nocivos à saúde, sem com isso provocar uma aversão a tudo que se refere à medicina convencional como pretendem muitos naturalistas radicais, mas provando através da prática realizada durante todo o percurso da educação inicial, que é possível promover saúde de forma simples através dos mais diversos métodos utilizados pelos naturalistas e ocultos da grande massa por interesse de uma pequena maioria dominadora associada com os conhecimentos advindos da medicina convencional.

Repudiamos a exploração financeira em detrimento da própria saúde, gerando dependências químicas como vem acontecendo com os grandes laboratórios multinacionais com o apoio dos médicos, repudiamos a opressão corporativa castradora do naturalismo, impedindo que este se expanda e exponha suas verdades, repudiamos ainda o interesse de uma pequena minoria dominante em manter a população em ignorância sem direito de escolha de como, quando e onde procurar tratamento, impondo suas ideias como verdade absoluta.

É hora de mudar, porém, é sabido que mudar requer coragem e determinação, muitos dirão: – Deixa como está para ver como é que fica, como as formigas que criam seus trajetos e qualquer obstáculo que surja no caminho as deixam perdidas sem saber o que fazer, porém, temos que alavancar a pedra que rolará para um novo milênio que mudará a saúde e qualidade de vida, temos poder para isso e sabemos como fazer, basta pôr em prática a teoria sugerida, depois, basta realizar os pequenos acertos.

Estou certo que este trabalho repleto de prática natural e salutar estará contribuindo para um mundo melhor, abrindo a mente dos futuros governantes, doutores, profissionais liberais, entre outros, da necessidade de mudar o sistema de saúde. Educação e Saúde principiam dentro do lar, a Escola tem a competência de aprimorar estes conhecimentos, de abrir a mente e preparar o cidadão do futuro.

Estou cumprindo minha parte nesta monografia de final de curso como terapeuta há 40 anos de profissão e mantenedor de uma Escola Técnica de Acupuntura e Massoterapia há nove anos em Campinas, SP, e futuro Pedagogo. Como disse anteriormente, este programa não existe em escola alguma que eu conheça, mas pode fazer uma grande diferença para o futuro da humanidade, disso estou plenamente consciente.

A Banca examinadora viu de forma preocupante esta minha exposição monográfica, pelo fato de ninguém ter apresentado até então algo parecido, mas aprovaram com uma boa média.

E você caro leitor? Aprova? Acredita ser necessáro mudanças na saúde?

Aproveitando, caro leitor, o mencionado acima, no final da minha monografia, onde digo que sou mantenedor de uma Escola Técnica de Acupuntura e Massoterapia há nove anos, permita-me um desabafo e ao mesmo tempo registrar uma realidade, mostrando mais uma vez que as autoridades de Saúde ainda usam de truculência quando percebem que algo ameaça seu sistema:

Realizando um desejo antigo, no início do ano 2000, criei uma Escola dentro dos moldes que sempre sonhei. Tratava-se da ETAME, Escola Técnica de Acupuntura e Massoterapia, com o objetivo de criar profissionais habilitados a trabalhar nestas áreas, com amplos conhecimentos, tanto é que o Curso de Formação Técnica em Massoterapia era composto de doze modalidades de massagens, sendo quatro delas de criação nossa. Ambos os cursos estavam devidamente regulamentados, autorizados pela SEE, Secretaria Estadual da Educação, cujos diplomas tinham seu registro no GDAE, Gestão Dinâmica de Administração Escolar do MEC, Ministério da Educação e Cultura, conforme resolução SE107/2002 e 108/2002, tínhamos também um ambulatório supervisionado dentro da própria Escola para atendimento à população em geral. A Escola ganhou fama e consequente perseguição por parte das "forças ocultas". Nosso curso devidamente regulamentado pela SEE com registro no MEC recebeu a visita durante um dia em que praticávamos ambulatório (coincidência?) da Vigilância Sanitária com uns 10 elementos uniformizados de branco e pomposamente interditaram o nosso ambulatório alegando que o Técnico não pode praticar a Acupuntura, somente os de nível superior da Área de Saúde. Perguntei qual a lei que determinava tal truculência, me informando que era uma lei estadual, perguntei novamente qual a lei, não me responderam, mandaram ler a CV que contém 500 páginas e nada fala sobre o assunto. Esta humilhação causou um descontentamento geral na escola e seus alunos, me obrigando a pedir licença da SEE por 3 anos, até que tudo seja resolvido, causando Danos Morais e Financeiros.

Deixemos as mágoas e queixas de lado, afinal não é o objetivo deste livro e voltemos ao Japão com suas técnicas naturalistas.

A Macrobiótica

Outro legado japonês. O ocidente passou a adotar a Macrobiótica através de seu principal divulgador George Ohsawa (Kurosawa), nasceu em 1893 e faleceu em 1966, com 73 anos, de câncer, morreu relativamente cedo para quem difundia uma dieta de longevidade, mas as razões são justificáveis, uma vez que passou fome em sua infância e quando residindo em Paris onde difundiu grandemente a filosofia Macrobiótica passou a usar tabaco, o que não era muito condizente com o que pregava "faça o que eu digo, mas não faça o que eu faço". A Macrobiótica é uma filosofia de vida onde Macro significa grande e Bio provém de vida, filosofia esta totalmente baseada em o alimento balanceado, baseado no Yin e Yang, quando seguido corretamente produz força e resistência física e mental, porque produz equilíbrio do sódio/potássio. Cada refeição é balanceada assim: 70% grãos, cereais e os outros 30% são distribuídos entre carne branca e legumes, os legumes podem ser os mais variados até mesmo algas marinhas. A refeição começa na forma de preparar o alimento até a maneira de comê-lo, que tem todo um ritual, como por exemplo, dar trinta mastigadas em cada garfada "mastigar o líquido e beber o sólido". Uma refeição deve ser ingerida com muita calma e uma mente tranquila. Dizem os entendidos que as fezes do Macrobiótico não têm cheiro. Não bebem ou quase não bebem água porque o alimento contém líquido, são magros e muito resistentes, seu produto principal é o arroz integral sem tempero, ingerido com *gersal*, uma mistura de sal grosso e gergelins socados em um pilãozinho. Dizem que na guerra do Vietnã os americanos eram bem alimentados com enlatados, pré-cozidos, etc., e os Vietcongs eram magros, aparentemente subnutridos, viviam cavando túneis numa guerra subterrânea onde o americano não via o inimigo, carregavam um saquinho contendo arroz integral que lhes dava força e resistência, resultado, ganharam a guerra, foi a maior derrota da história americana. Bendito arroz integral. Nos Estados Unidos da América o grande divulgador da Macrobiótica foi Michio Cuchi e no Brasil Tomio Kikuchi.

George Ohsawa   Tomio Kikushi

As Seis Felicidades

É um princípio filosófico naturalista de origem japonesa que a meu ver é uma verdade absoluta, são:
- Familiar.
- Social.
- Profissional.
- Financeira.
- Espiritual e.
- Saúde.

Estão intimamente ligados de forma que se um dos seis não estiver bem, os outros cinco são afetados.

Familiar

A família é a base da sociedade como a conhecemos, sem ela a nossa sociedade seria destruída. Um homem para estar bem deve ter uma família feliz e equilibrada, com pais amorosos e todos os membros devem se amar e se respeitar, mesmo as sociedades tidas como primitivas das mais diversas etnias vivem em sociedade e possuem hierarquia e respeito mútuo. Um Profeta Mórmon dos tempos atuais David Oman Mackey, nascido em 8 de setembro de 1873, falecido em 18 de janeiro de 1970 escreveu a famosa frase: *"Nenhum sucesso na vida compensa o fracasso no lar"*. Existem grupos ativistas, a maioria liderada por pessoas que foram infelizes no casamento e também de alguns homossexuais ou porque vieram de lares desfeitos ou que sofreram abusos sexuais ou maus-tratos em sua infância que apregoam a chamada "produção independente" ou, melhor dizendo, gerar filho fora do matrimônio. Certamente estariam pisando em terreno desconhecido cujas consequências não seriam benéficas socialmente e mesmo para o futuro da humanidade. A Família, como a conhecemos, pai, mãe e filhos é a base para uma sociedade sadia.

David Oman Mackey

O Social

É outra felicidade entre as seis, uma vez que o homem é um ser social por natureza, não consegue viver sozinho, precisa dos outros para evoluir e interagir, esta segunda felicidade depende de viver bem na sociedade onde vivemos, *"respeitar e ser bem quisto"*.

O Profissional

O homem precisa do seu ganho para sobreviver e realizar seus objetivos e sonhos. Quando desempregado e sem condição de sustentar sua família sente-se impotente. O trabalho dignifica o homem e o salário deve ser condizente para seu sustento e o dos seus e viver de forma digna. Um homem sem sua dignidade não é respeitado.

O Financeiro

Nem todos possuem o dom de dominar as finanças, basta observarmos que a classe menos favorecida é maioria. Ganhar dinheiro, controlar bem as finanças, são qualidades dos "acumuladores" (nome dado àqueles que têm como meta e prioridade de vida acumular bens e dinheiro, por terem consciência que dinheiro é poder). Os sonhadores (os altruístas, idealistas, os que ainda acreditam no bem, na honra acima de qualquer coisa), podem, num mundo dominado pelos acumuladores, sofrer pressões financeiras, passar por privações e, com isso, tornarem-se submissos e taciturnos, impedidos de adquirirem bens em um mundo consumista.

Privações financeiras geram infelicidade, tristeza e humilhação.

Conheço profissionais altamente competentes nas mais diversas áreas que não sabem administrar suas finanças e nem mesmo explorar financeiramente seus talentos.

O Espiritual

É fundamental para a família, a religião refreia o homem em seus impulsos carnais e destruidores, eleva a alma e une a família.

A Saúde

É um bem maravilhoso, não estaremos bem se não tivermos saúde, por esta razão precisamos procurar viver de forma que possamos preservar nossa saúde até o final de nossos dias terrenos, e isto é uma arte que pode ser encontrada dentro do naturalismo de forma suave e não invasiva.

As técnicas terapêuticas naturais do oriente não acabam por aqui, apenas fizemos uma pequena apresentação das principais. Um Terapeuta Naturalista que trabalha com técnicas orientais precisa estudar e praticar muito.

Técnicas Ocidentais com suas Subdivisões

O Legado Europeu

As terapias naturais criadas no hemisfério ocidental principalmente a europeia diferem muito das técnicas orientais, isto porque o modo de pensar do ocidental é muito diferente do indiano, japonês e chinês, a maneira de encarar a saúde, a filosofia de vida, a fé, a moral que se altera conforme a época entre outros fatores.

Um resto de conhecimento perdido no tempo nos diz que há milênios existiu uma transição do sistema de saúde do oriente para o ocidente. Alguns estudiosos afirmam que o povo claro de olhos azuis que vivia na índia há milênios, os Vedas que desapareceram sem deixar rastros, nada mais foram que os gregos da antiguidade. A biblioteca de Alexandria possuidora de tesouros de conhecimento da antiguidade foi totalmente destruída pelo fogo, a ponto de Cleópatra lamentar a grande perda. É triste constatar que grandes conhecimentos do passado foram totalmente destruídos de maneira irrecuperável. Por causa destas perdas, a humanidade muitas vezes teve que recomeçar do zero e por este descaso aos conhecimentos adquiridos que deveria permanecer entesourado, o homem com o passar dos tempos se somatizou cada vez mais, perdendo o elo com o espiritual, passando a acontecer a chamada "evolução decadente".

Segundo Rudolf Steiner, o pai da Medicina Antroposófica (falaremos dele mais adiante), antes do terceiro milênio a.C, a medicina utilizava métodos terapêuticos totalmente espirituais que eram praticados nos templos de mistérios da antiguidade. Os médicos eram sacerdotes e praticavam os *"sonos templários"*, onde o paciente era colocado a dormir e sonhava, no sonho encontrava o remédio para sua cura. A alma, naqueles tempos, tinha muito maior poder sobre o corpo do que hoje, o que tornava possível e natural este processo terapêutico. Atualmente, entretanto, este sistema de cura é impossível, pelo fato de o homem ter se somatizado excessivamente, perdendo o elo com o espiritual, se tornando bem mais "matéria", somatização esta que não aconteceu de uma hora para outra, mas através de um processo lento e a longo prazo, até que entre o terceiro e o segundo milênio a.C. "a humanidade representativa da cultura da época lentamente deixou de sentir o corpo humano como sendo apenas um invólucro e começou a se identificar com ele", conforme afirma a Dr.ª Ita Wegman, a partir de então, os "sonos templários" não tinham mais razão de existir. A epopeia de Gilgamesh narra que com a morte do seu grande amigo Iabani, Gilgamesh foi procurar saber sobre o paradeiro da alma de seu amigo no último templo de mistérios da antiguidade no ocidente. Como daí em diante o homem não mais conseguia encontrar a resposta para a cura de seus males através dos sonhos, o processo de cura sofre uma alteração, os templos não existiam mais, surge então na Grécia Asclépio que passa a curar em grutas. **Askeles** aquele que cura **Épios**, exaustão. O paciente era colocado, após uma purificação, a dormir sobre uma pele de carneiro e sonhava, o médico sacerdote interpretava os sonhos e procedia a cura. Daí para frente o homem se enterra cada vez mais em somatização e uma vez mais o processo de cura teve que ser modificado, surge então Hipócrates que inaugurou o processo de cura mediante a utilização de substâncias da natureza, porém, os gregos de então procuravam estabelecer uma espécie de equilíbrio entre corpo e alma, tentando criar uma perfeita harmonia entre ambos. O homem moderno, com sua somatização excessiva, também cura com substâncias, porém, substâncias tóxicas, muito diferentes das de Hipócrates.

A importância da Água para Roma

Os Romanos tinham a falta de higiene como fator principal para aquisição de doenças, tanto é que edificaram aquedutos que levavam água limpa até as cidades e também desenvolveram complexos sistemas de esgoto para dar vazão à água servida e aos dejetos das casas. Seus balneários suntuosos, até hoje ainda são motivos de admiração pela grandiosidade arquitetônica e esquemas de banhos. No século II, Roma contava com cerca de 1.200.000 habitantes. Era uma população formada por pessoas de origens variadas: gregos, egípcios, gauleses, etc., quase toda grande cidade romana possuía um estabelecimento de banhos conhecido como termas.

Instaladas em construções amplas, às vezes luxuosas, eram ricamente decoradas com estátuas e mosaicos. Cada terma compunha-se, geralmente, das seguintes seções: Sudarium, um local com água muito quente, onde os clientes suavam bastante; Caldarium, local onde se tomava um banho menos quente para eliminar o suor; Tepidarium, piscina de água morna e o Frigidarium, piscina de água fria. No século IV, havia em Roma cerca de mil termas que eram frequentadas pela elite e por intelectuais. Como banhos e massagens formam uma boa união, além dessas seções de banhos, as termas possuíam salas de massagem bem estruturadas e confortáveis com massagistas altamente capacitados. Durante o império, as termas tornaram-

-se os locais favoritos para encontros comerciais e reuniões políticas dos cidadãos romanos, isto porque seu uso não se restringia apenas a banhos e massagens, mas nestes balneários existiam também salas de ginástica e quadras para práticas desportivas. Havia lugares reservados para atividades intelectuais, como biblioteca, salas de conversação e concertos musicais.

Como hoje em dia, os Romanos eram acometidos de reumatismos que eram tratados através das águas, "Balnearioterapia". Os balneários e SPAS modernos são cópias destes balneários.

Os romanos foram grandes conhecedores e praticantes da Massagem. Eles a indicavam nos esportes e nos tratamentos de doenças. Sabe-se que o próprio Júlio César, que sofria de epilepsia, era massageado diariamente para aliviar a neuralgia e as dores de cabeça. Também Plínio, um famoso naturalista romano, era submetido regularmente a fricções para aliviar sua asma.

Do período compreendido entre a ascensão da Igreja até o final do século XVII, terapias como massagens, por exemplo, não eram vistas com bons olhos pelo clero que apregoava ser o corpo oponente do espírito, devendo, pois, ser menosprezado, *quanto mais distante do corpo, mais próximo da alma".* As terapias oficiais eram cristeis e sangrias.

Na Europa, as terapias corporais ressurgiram no princípio do século XIX, quando principia uma revolução religiosa, onde o Catolicismo começa a perder um pouco de seu poder em alguns países, surgindo o protestantismo, consequência do surgimento da imprensa.

Per Henrik Ling (1776/1839) **o legado europeu.** Friedrich Ludwig Christoph Jahn (1778/1852) foi um pedagogo alemão, além de um ativista político que, no ano de 1811, sistematizou a prática da ginástica e a transformou em modalidade esportiva. É até hoje considerado o pai da ginástica**.** Sua ginástica tinha uma conotação militar, mas na verdade foi Per Henrik Ling que elaborou um sistema de ginástica, exercícios e manobras, divididas em quatro ramificações: A pedagógica, a Terapêutica, a Militar e a modeladora. Ling pode ser considerado também o pai da massagem ocidental, hoje conhecida como a massagem sueca e desenvolveu ainda um sistema próprio de esgrima.

Em suas campanhas militares, Ling adquiriu um reumatismo considerado incurável para sua época e curou com ginástica, esgrima e massagem. Após várias tentativas, Ling, finalmente, em 1813 consegue criar um instituto estatal em Estocolmo, lá trabalhou 25 anos formando alunos do mundo todo. Este Instituto existe até hoje.

Per Henrik Ling (1776-1839)

A Massagem Sueca de Per Henrik Ling

Em suas andanças pelo exterior durante sete anos, Ling conheceu um colega chinês, certo Sr. Ming, especialista em artes marciais e massagem Tui-ná. Tui-ná é uma massagem com óleo e significa *"pressionar e empurrar"*, que talvez tenha sido a inspiração para a criação da Massagem Sueca que para mim é a mais prazerosa das massagens. A massagem sueca tem gosto de *"quero mais"* e é benéfica para a circulação sanguínea, linfática, dores musculares, sistema nervoso central e periférico, ao mesmo tempo calmante. Muitas são suas indicações terapêuticas. Ao ensinar a Massagem Sueca aos meus alunos, procuro associar esta terapia aos óleos essenciais naturais. Nossos alunos passam a conhecer a propriedade de 24 óleos essenciais naturais e suas associações que são misturados a um óleo graxo para os mais diversos tratamentos (este sistema é exclusivo nosso, não era usado na época de Ling).

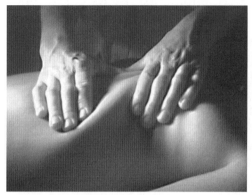
Massagem sueca

Minha antiga sala de massagem sueca

Algumas décadas mais tarde, alguns elementos da massagem sueca foram incorporados ao trabalho do médico holandês Mezger e, desde então, a massagem passou a ser considerada uma terapia integrada à área médica só que não é largamente usada e seu valor dentro da área médica não é devidamente reconhecida.

A Medicina Antroposófica de Rudolf Steiner

Aqui temos um sistema terapêutico curioso, trata-se de um misto de medicina convencional com esoterismo, mais para o esoterismo que para a medicina convencional, isto porque, seu fundador, Rudolf Steiner (1861/1925), filho de um Austríaco funcionário da estrada de ferro era um grande apreciador das ideias de Goethe e de Friedriech Nitzsche. Homem de princípio esotérico, onde em 1900 iniciou suas atividades de conferencista sobre temas antroposóficos, transmitindo os resultados de suas pesquisas esotéricas. Em 1920 dá o primeiro curso para médicos *"Ciência espiritual e medicina"*, iniciando a aplicação no que viria a se tornar a *"Medicina Antroposófica"*. Em 1921 funda a primeira clínica Antroposófica, em Arlesheim na Suíça, juntamente com Ita Wegman, uma médica apreciadora de suas ideias (criadora da Massagem Rítmica, massagem esta que faz parte integrante da Medicina Antroposófica). Esta clínica existe até hoje.

Rudolf Steiner morre em 1925 com 54 anos em consequência de esgotamento por excesso de trabalho. Publicou inúmeros livros e proferiu seis mil palestras que compreendem 350 volumes. Uma vida dedicada, não?

Mas na verdade o que é Medicina Antroposófica? Como já dissemos um misto de medicina convencional com esoterismo. Na verdade trata-se de um Naturalismo diferenciado que nos permite penetrar em todos os detalhes da natureza física indo além, abrangendo as três organizações do homem:

- *Organização vital* que ordena os fenômenos físicos como fenômenos viventes;
- *Organização anímica* que reordena por sua vez os fenômenos físicos e vitais de forma a possibilitar a aparição da consciência;
- *Organização espiritual*, absolutamente individual de homem para homem, e que organiza as outras três instâncias como uma organização biológica individual.

De acordo com esse método de pesquisa ampliada, criou-se quatro estruturas essenciais que constituem a entidade humana:

1. **O Corpo Físico**: mineral, substancial, existente em diversas formas, em todos os reinos da natureza.

2. **O Corpo Vital ou Etérico**: fundamento da vida, das características puramente vegetativas, crescimento, regeneração e reprodução. Existe em todos os organismos vivos.
3. **O Corpo Anímico ou Astral**: é o fundamento da organização sensitiva do homem; ele reordena os processos biológicos, permitindo a aparição do sistema nervoso no mundo animal e no homem.
4. **A Organização para o Eu**: é a organização própria do homem, dá a autoconsciência e reagrupa as atuações dos outros três corpos, surgindo assim o andar ereto e as capacidades de falar e pensar.

Essas quatro organizações agrupam-se reciprocamente em três formas diferentes no organismo humano, surgindo assim uma estrutura funcional e anatômica de constituição tríplice:

1. **Sistema Neurossensorial:** concentrado principalmente na região da cabeça, mas também distribuído por todo o corpo. Ele está a serviço da consciência.
2. **Sistema Rítmico:** cujo centro funcional se encontra na região torácica, onde a característica das funções pulmonar e do coração é o ritmo. Também presente nos ritmos de outras funções biológicas, fora da cavidade torácica.
3. **Sistema Metabólico e das Extremidades:** agrupam todos os processos metabólicos, base para o sustento, regeneração e movimento do organismo, cujos órgãos principais se concentram na cavidade abdominal e extremidades; mas funcionalmente presente, tal como os outros dois sistemas, em todo o organismo e em cada uma de suas células e tecidos.

Existe uma relação recíproca entre estes três sistemas que se altera durante o transcorrer da vida do homem, variando de idade para idade, vinculando-se com essa mudança biológica às mudanças que acontecem psicológica e espiritualmente no desenvolvimento normal de cada indivíduo.

Um transtorno nesta transformação através do tempo leva a um desequilíbrio na relação recíproca desses três sistemas e esta é a causa primária das doenças. O Sistema Neurossensorial é, em termos de multiplicação celular e regeneração de tecidos, biologicamente muito pobre quando comparado com os órgãos do Sistema Metabólico: e esta é a situação normal dele. Quando no Sistema Metabólico se repete a situação normal para o Sistema Neurossensorial, surgem as doenças degenerativas e, em geral, as doenças de evolução crônica; quando ocorre o contrário, quer dizer, o normal para o Sistema Metabólico aparece no Sistema Neurossensorial ou órgãos vizinhos, temos aí o fundamento das doenças inflamatórias, agudas.

O corpo de conceitos derivados da Ciência Espiritual coloca o ***Antrophos*** (Homem) como participante efetivo do mundo espiritual através de seus corpos superiores, tornando assim evidente no mesmo o conceito do ***Theos*** (Deus).

Quanto ao sistema terapêutico, observamos uma certa semelhança entre esta medicina, a Ayurvedica e a Chinesa, mais uma vez provando que os princípios naturais se assemelham, não importando em que hemisfério geográfico seja criado como, por exemplo, na medicina Antroposófica como nas outras mencionadas, utilizam pesquisar os reinos da natureza procurando produtos naturais dos três reinos, o vegetal, o mineral e o animal para o processo de cura. A medicina antroposófica produz os próprios medicamentos em laboratório, extraídos do próprio plantio que devem ser cultivados sem agrotóxicos ou adubos químicos. Ao dar um curso em Cuiabá, capital de Mato Grosso, conheci um rapaz que plantava Estévia para o laboratório Welleda (laboratório este criado para os produtos antroposóficos), que me falou das exigências e fiscalização constante do plantio até a colheita, uma outra coisa que vim a saber é que os produtos devem ser plantados e colhidos em suas próprias estações e sabemos que isto confere com a Macrobiótica.

Medicamentos não são os únicos nem o principal recurso da Medicina Antroposófica, como terapêutica temos ainda:

1. **Euritmia Curativa**: terapia baseada em determinados movimentos corporais. O corpo não pode permanecer inerte, existe ritmo em todo o sistema do Universo, caso contrário haveria o caos. Estes movimentos corporais dirigidos visam restaurar o equilíbrio do ser, assim como o Tai Chi Chuan dos chineses e a Yoga dos Indianos.
2. **Terapia Artística**: utilizam de forma terapêutica as diferentes artes: modelagem, música, desenho e pintura, que são analisadas pelo terapeuta.
3. **Massagem Rítmica:** tem como base o deslizamento com óleo da periferia ao centro da massagem sueca de Per Henrik Ling de forma ritmada e constante, o que difere da sueca são as fricções dos órgãos, tais como: o coração, o baço, o fígado, os rins, a coluna vertebral e as juntas, desintoxicando e restaurando o ritmo natural destes órgãos. Nos ambulatórios da Escola ETAME realizado pelos alunos, temos registros de muitos males tratados com esta massagem que obtiveram excelentes resultados sem qualquer outro tipo de tratamento.
4. **Quirofonética**: terapia baseada na fala.

A Medicina Antroposófica, apesar de possuir uma conotação exotérica e manter experiência consciente direta com o mundo espiritual, não se trata, portanto, de uma forma de misticismo, espiritismo ou magia. É denominada ciência, pois seus resultados podem ser verificados por qualquer um que se dispuser a se preparar neste sentido por meio do trabalho interior. Trata-se, por isso, de um conhecimento exato possível de ser acessado pelo pensar, desde que ele seja desenvolvido para tal pelo trabalho diário (exercício de concentração, revisão da memória, ação pura, percepção pura, etc.).

Rudolf Steiner disse em um congresso para médicos:
"A Massagem Correta pode em determinados casos substituir o bisturi do cirurgião".

A Massagem Psíquica, baseada na teoria de Wilhelm Reich

Reich foi um discípulo dissidente de Sigmund Freud (o pai da psicanálise) (1896/1957), nasceu na Ucrânia na época que o território pertencia ao Império Austro-Húngaro, proveniente de uma família abastada de proprietários judeus germanizados, tendo sido educado estritamente segundo a cultura alemã. Seu interesse pela natureza começou desde cedo, talvez por viver em fazenda, menino solitário, tinha um irmão mais velho que pouca ou nenhuma atenção lhe dava. Na sua autobiografia de juventude, *Passion of Youth*, Reich conta que aos quatro anos já sabia o essencial sobre a sexualidade animal e humana, e que nessa tenra idade tentou intimidade erótica com uma criada. Aos onze anos e meio teve a sua primeira relação sexual, com a cozinheira da casa, que lhe ensinou os movimentos de vai-vém do sexo. A partir de então, diz ele, teve relações sexuais quase diárias durante anos. Seu pai colérico e extremamente ciumento recebeu a notícia do próprio filho que viu sua mãe tendo relações sexuais com o preceptor dos filhos e a partir daí seu pai passou a humilhar impiedosamente sua mãe provocando uma tragédia em família, que esta acabou se suicidando. Seu pai cheio de remorsos contraiu voluntariamente uma pneumonia que se transformou em tuberculose vindo a falecer (uma típica tragédia grega), ficando Reich órfão com 14 anos de idade. Posteriormente, Reich se torna militar e em 1918 com o fim da guerra volta para Viena onde, aluno superdotado, e valendo-se do seu estatuto especial de veterano de guerra, completou o curso de seis anos em apenas quatro. Sobrevivia dando explicações aos seus colegas.

Reich, pelas suas ideias estravagantes, foi incomprendido e perseguido por toda sua vida, foi expulso da Alemanha pelo nazismo, foi expulso da Associação Vienense de Psicanálise e nos Estados Unidos da América passa a ser investigado pela FDA (*Federal Food and Drug Administration*), foi preso em 1957, morre de ataque cardíaco na prisão por saber que seus livros estavam sendo destruídos em praça pública. Se não fosse pelas cópias existentes na França, não restaria nada das obras de Reich.

Por que tantos conflitos e perseguição? Suas ideias incomodaram as religiões e a sociedade e suas opiniões radicais a respeito da sexualidade resultaram em consideráveis equívocos e distorções de seu trabalho por autores futuros e, consequentemente, despertaram muitos ataques difamatórios e infundados. Reich dava grande ênfase à importância de desenvolver uma livre expressão dos sentimentos sexuais e emocionais dentro do relacionamento amoroso maduro. Reich enfatizou a natureza essencialmente sexual das energias com as quais lidava e descobriu que a bioenergia era bloqueada de forma mais intensa na área pélvica de seus pacientes. Ele chegou a acreditar que a meta da terapia deveria ser a libertação dos bloqueios do corpo e a obtenção de plena capacidade para o orgasmo sexual, o qual sentia estar bloqueado na maioria tanto dos homens como das mulheres.

Falava das couraças musculares provenientes dos traumas emocionais, onde os músculos se tornavam hipertônicos adquirindo uma contratilidade excessiva.

Reich afirmava desconhecer totalmente a Yoga e a Medicina Ayurvedica, porém, falava da existência de uma substância intangível, vital, que batizara de "Energia Orgânica" equivalente ao "prana" Ayurvedico.

A Massagem Psíquica foi criada em 1984 na Cidade de São José do Rio Preto, no Estado de São Paulo. Observando que durante o transcorrer de uma massagem, principalmente a Sueca, alguns pacientes entravam em transe, chorava, ria, vinha na mente lembranças de epocas remotas vividas e muitas vezes narravam fatos de locais, como se tivessem estado lá, porém, nunca estiveram. Sem saber como agir em determinados casos, eu e um grupo pequeno de profissionais da área de saúde, dois psicólogos, um médico, vários massagistas e até um padre. Começamos a estudar estas reações. Na época eu tinha lido o livro de Reich *"A Função do Orgasmo"* que veio a elucidar muitas coisas sobre o assunto, principalmente no que se referia à *"Couraça Muscular"*.

Wilhelm Reich em Davos, fevereiro de 1927.
Na foto, Reich escreveu *"Conflito com Freud"*.

A Massagem Psíquica não tem o objetivo de substituir a psicanálise, mas pode auxiliá-la grandemente, trazendo retornos rápidos e seguros. Seu objetivo é trabalhar as couraças musculares provenientes dos traumas emocionais que elas representam, podendo ser recentes ou antigos, até mesmo adquiridos ainda no útero materno (tivemos diversas experiências destes casos).

Em 1986 um enfermeiro, meu aluno de Massagem em São Paulo, considerava um absurdo os traumas emocionais virem à tona através da massagem. Anos mais tarde encontrei-me com ele na Cidade de Santo André em São Paulo, me relatou estar atendendo massagem psíquica em uma clínica de psicologia com excelentes resultados, tendo apoio de todos psicólogos do local. Fico feliz quando meus alunos obtêm sucesso com meus ensinamentos.

Nossos estudos nos permitiram observar a relação do feixe de músculos com possíveis traumas emocionais, vide tabela a seguir:

Tabela de grupos musculares por região corporal e sua correspondência com fatores emocionais quando massageados

Tais correspondências devem ser tomadas apenas como diretriz e não como resposta absoluta, uma vez que a complexidade da mente humana pode desencadear reações bem mais complexas. Estes dados são baseados em mais de 20 anos de estudos realizados no SOMA – Sistema Orsi de Massopatia.

Região do corpo e seus respectivos grupos musculares	Correspondência com o quadro emocional e vice/versa. (Hipertonicidade)
Cabeça e face	(*) Sexualidade - Ironismo - Angústia - Medo de envelhecer.
Esternoclidomastoideo - Região anterior do pescoço - abaixo do queixo.	Ira contida - "Freios" - Obstáculos - Vontade de gritar.
Região supra e infraclavicular Região Torácica	Ódio contido - Ira - Repressão - Vontade de gritar. Se sentir cócegas: ironia frente ao modo de encarar o corpo ou a sexualidade. Se sentir dor: sentimentos de mágoa ou angústia. Bico dos seios doloridos (não sendo nenhum quadro patológico): aversão, trauma à maternidade.
Osso esterno - Apêndice Xifoide Região abdominal	Mágoa - Choro reprimido ou contido. Hipertonicidade muscular com constipação, sentimento de perda, desejo de reter, impedir de ir.
Região pubiana e inguinal	Em mulheres: se volumoso, contraído: possibilidade de mioma uterino ou ausência de orgasmo genital (fazer o teste da soltura do quadril). Se com quadril preso, prescrever exercícios para tal ou dança do ventre. Em ambos os sexos: se a região se encontra dolorida ao toque (dor com toque profundo, solicitar visita ao ginecologista ou urologista) (dor com toque superficial, pode ser trauma relativo a sexualidade).
Região anterior e externa da coxa	Efeito fisiológico excretor, diurético, mas também eliminador bloqueios e hipocondria.
Região interna da coxa e virilha Joelho, perna e pé Mãos, braços	Desejos ocultos, sexualidade, vergonha. Efeito excretor, diurético, bloqueios psíquicos. Insegurança, solidão, desamparo, depressão mental.
Região posterior do pescoço e ombros	Estresse - Carga tensional do dia a dia - sobrecarga psíquica e de responsabilidades.
Região superior das costas e escápulas	Estresse - Sob forte tensão - Pressão.
Região lombar, sacral, glúteos	Medo - Insegurança - Também efeito excretor e diurético.
Região posterior da coxa	Efeito fisiológico escretor e diurético, mas também eliminador de emoções negativas guardadas.
Panturrilhas e Tendão de Aquiles	Representa psiquicamente toda a sustentação da vida, dificuldades de ganhar seu sustento, desejo de enriquecer abafado pelas dificuldades. Medo do peso da responsabilidade de sustentar a família, empresa, etc.

Aqui se refere aos músculos que negam os sentimentos sexuais (falsa imagem) puritanismo.

A Massagem psíquica é toda amparada nas teorias de Reich, porém, não se trata de terapia Reichiana. É bom ressaltar que Reich incluía o toque em suas terapias, mas não deixou nenhuma técnica de massagem. A Massagem Psíquica é uma terapia natural para alívio das exasperações do ser humano.

A Massagem Psíquica tem duas subdivisões:
- Massagem Psíquica de Conscientização; e
- Massagem Psíquica com regressão de memória.

Não entraremos em detalhe sobre elas porque a explicação seria longa e não é objetivo deste livro se alongar em cada item e sim dar apenas pinceladas.

A Contribuição do Continente Americano para o Naturalismo:

Tirando o Xamanismo das três Américas, toda e qualquer terapia natural desenvolvida neste continente são técnicas modernas inclusivas, vejamos as mais importantes:

A Massagem Reconstituinte

Esta massagem foi desenvolvida por mim a partir de anos de pesquisa e estudos das mais diversas modalidades de massagens. Poderia também ser denominada *"Massagem Holística"*, por unir e integrar conhecimentos das principais massagens orientais e ocidentais em uma só. As técnicas e as manobras desta massagem constam no meu primeiro livro *"Massagem – A Terapia dos Deuses"* como diretriz. É impossível praticar a Massagem Reconstituinte sem o domínio das massagens Shiatsu, Sueca, Rítmica e Psíquica.

A Massagem Reconstituinte tem por objetivo restaurar ou manter o perfeito equilíbrio bioenergético e sua prática depende de uma boa anamnese, pois em cada diagnóstico são exigidos procedimentos diferentes, uma vez que cada caso é um caso.

Vamos apresentar a seguir, dez indicações para a Massagem Reconstituinte, porém, é preciso entender que cada organismo reage de forma diferente a cada tipo de massagem, isto porque dois indivíduos que apresentam os mesmos sintomas fisiológicos podem responder diferentemente a uma determinada massagem, porque as dores ou sintomas muitas vezes são camuflagem de males totalmente distintos, mas recomendamos esta massagem mesmo para pessoas saudáveis, todos os fins de semana, a fim de que possam manter o seu conforto físico e psíquico. Como o próprio nome indica, esta massagem reconstitui, produz um bem-estar geral, restabelece atuando diretamente sobre possíveis bloqueios de energia.

Dez indicações para a massagem reconstituinte:
1. Fisicamente esgotados (após longa atividade física);
2. Que sofreram um forte choque emocional (trauma emocional recente);
3. Que partem ou retornam de uma longa viagem;
4. Que irão se submeter a testes, exames ou qualquer outra atividade que exija grande concentração física e mental anterior;
5. Empresários, executivos e estudantes que enfrentam grande atividade mental;
6. Com problemas psicológicos, depressão mental, neuróticos ou abatidos moralmente.
7. Frigidez, disfunção erétil, desinteresse pelo sexo ou solicitação mental sexual excessiva.
8. Somatizações;
9. Couraças musculares, porém, não substitui a massagem psíquica;
10. Insônia, neurastenia.

A Massagem Erótica ou terapia para casais através do toque

Sexo é uma necessidade fisiológica? Sim! Sexo é amor? Não, mas sexo sem amor, como diz Rita Lee, é vontade.

Pode-se fazer sexo pelos mais diversos motivos, tais como:
- Simples prazer, sexo desejo (instinto animal);
- Por amor (sexo perfeito);
- Sexo terapia, como, por exemplo, para eliminar energia estagnada no organismo, eliminar forte tensão emocional. Teoria Reichiana ou sexo baseado no Tantra Indiano;
- Para ter filhos (sexo reprodutivo);
- Sexo obrigação (obrigação conjugal, por exemplo, sexo sem desejo).

Durante estes meus mais de quarenta anos de profissão tratei, dentro das terapias naturais, muitos casos de frigidez feminino, disfunção erétil e casais que perderam o interesse um pelo outro e, digo, não foram poucos.

O sexo faz parte da vida do ser humano e para muitos é considerado um vilão, porque lhes foi ensinado que a moral é contrária ao sexo, por outro lado, o libertino pode sofrer graves consequências pelo abuso sexual, tanto energético como emocional ou física. A doutrina sexual está longe das escolas e a temperança é o caminho para uma vida sexual duradoura e feliz, é claro que muitas patologias podem interferir na sexualidade, tais como o Diabetes, disfunções hormonais e até a hereditariedade, entre outros fatores.

Sexualidade e mente: Muitos dos distúrbios graves sexuais provêm da própria mente, dependendo muito do que lhe foi imposto durante a infância, podendo ser: pedofilia, taras, distorções do prazer e alguns casos de homossexualidade, entre outros.

A falta de orgasmo ou orgasmo desviado (*Reich dizia que o único orgasmo saudável é o orgasmo genital, apesar de que o sexo não se encontra apenas nas gônadas e sim em todo o corpo e dizia ainda que, para muitos distúrbios mentais e físicos, o tratamento consiste em plena e constante satisfação sexual e que 90 por cento da população humana não tem orgasmo genital*), é um dos mais sérios problemas da humanidade.

A Massagem Erótica surgiu a partir de estudos que realizei durante anos sobre os distúrbios da sexualidade e massoterapia (as reações sexuais de alguns pacientes provenientes do toque ou massagem), também baseados nos estudos sobre as ideias de Reich, visando tratar a necessidade de:

a) Restaurar em casais que perderam o interesse sexual o desejo de se procurarem novamente;

b) Restaurar o interesse sexual a frígidas;

c) Buscar e tratar a causa da disfunção erétil (contanto que não seja problema físico ou outras patologias que não as mentais);

d) Tratar visando eliminar as taras que atormentam o paciente, entre outros.

O tratamento consiste em uma rigorosa anamnese que determina prematuramente o distúrbio e suas origens.

Para os casos que exigem saber a origem e a época que deu origem ao mal, é feita a *"massagem psíquica com regressão de memória"*, somente depois a massagem para o restabelecimento sexual (erótica) é introduzida. Para reatar o interesse sexual dos casais é recomendada a técnica que se encontra no meu livro *"Massagem – A Terapia dos Deuses"*, como diretriz.

A Massagem Erótica é mais uma técnica inclusiva moderna de nosso continente, o americano, que vem amenizar este sofrimento que acomete nossa sociedade doente.

Os antigos possuíam alguma terapia para distúrbios sexuais? No ocidente não se houve falar, talvez consequente da falsa moral religiosa principalmente na idade média onde o sexo existia somente para a *"reprodução"*, mas na Índia existe um templo com inúmeras imagens esculturadas nas paredes demonstrando as mais diversas e bizarras posições sexuais denominadas Kama Sutra, Kamasutram (Sânscrito: कामसूत्र), geralmente conhecido no mundo ocidental como Kama Sutra. **Kama** é a literatura do desejo, o **Sutra** é o discurso de uma série de aforismos. *Sutra* foi um termo padrão para um texto técnico, assim como o Yôga Sutra de Patanjali é um antigo texto indiano sobre o comportamento sexual humano amplamente considerado o trabalho definitivo sobre amor na literatura Sânscrita. Assim, Darma (ou vida virtuosa) é o maior objetivo, Artha, o acúmulo de riqueza, é a próxima, e Kama é o menor dos três.

Kama Sutra

O Método Rolfing da Novaiorquina Ida Rolfing

Ida Pauline Rolf (1896-1979) nasceu em Nova York em 1896. Formou-se pelo Barnard College em 1916 e recebeu o título de PhD. em Química Biológica pela Universidade de Colúmbia em 1920. Em 1927, estudou

Matemática e Física Atômica na Universidade Técnica Suíça, em Zurique, e Medicina Homeopática em Genebra, estudou também Quiropatia, Osteopatia e Yoga. Com base nestes estudos, começou a formar a concepção de que o corpo precisa alongar-se para obter equilíbrio.

Do encontro com o osteopata Tomas Morisson produziu a ideia de que a estrutura determina a função. De 1920 a 1932, trabalhou no Rockefeller Institute, como pesquisadora em Quimioterapia e Química Orgânica. Durante a década de 40, através do trabalho científico e das descobertas que realizou com pessoas cronicamente incapacitadas, começou a desenvolver o trabalho que viria a ser conhecido como Integração Estrutural.

Nos 30 anos seguintes, dedicou-se a desenvolver a técnica e seu programa de treinamento. A partir dos anos 50, suas aulas passaram a atrair cada vez mais alunos e publicações especializadas. Nesta década, conheceu Fritz Perls, o que trouxe a Terapia Gestalt para a América. Fritz a convidou para trabalhar no Estado da Califórnia juntamente com ele num Instituto Naturalista muito famoso, lugar paradisíaco em Big Sur. Em 1967 iniciou o livro "Rolfing. A Integração das Estruturas Humanas". Em 1970 aconteceu o primeiro encontro de profissionais neste local mencionado.

Até sua morte, em 1979, Ida Rolf dedicou sua vida ao trabalho, formando profissionais, planejando projetos de pesquisa, escrevendo e fazendo palestras públicas.

O Método Rolfin é mais um programa de correção postural dentro do Naturalismo. Bênção esta a nos fornecida pela simpática e sorridente novaiorquina da foto. Vendo esta foto lembro-me de minha querida mãezinha que também era novaiorquina, dona Clara Solyon Orsi.

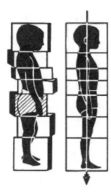

Rolfin Terapia

Ida Pauline Rolf

Constelação

O método de trabalho com as Constelações Familiares foi desenvolvido nos inícios dos anos 80 por Bert Hellinger, filósofo e psicoterapeuta alemão.

Este método traz à luz os sistemas familiares e seus emaranhamentos, que podem ser os causadores de muitas doenças, dificuldades, fracassos, depressões, etc. em nossas vidas.

Através da Constelação é possível que os emaranhamentos apareçam e também as soluções.

Constelação Familiar

O método de trabalho com as Constelações Familiares foi desenvolvido no início dos anos 80 por Bert Hellinger, filósofo e psicoterapeuta alemão. Ele é considerado um dos psicoterapeutas contemporâneos mais inovadores em trabalhos com indivíduos, casais e família. Apresentou seu trabalho a um grande público de terapeutas em 1999 no Rio de Janeiro, em 2001 em São Paulo. Desde então seu trabalho vem se expandindo cada vez mais no Brasil. Tem vindo ao Brasil pelo menos uma vez por ano.

O Que são as Constelações Familiares?

Quando membros de uma geração da família deixam situações por resolver, membros das gerações posteriores podem inconscientemente assumir a responsabilidade de restabelecer a "ordem" nesta família, trazendo à tona problemas e/ou dificuldades pelos quais não são responsáveis.

A "alma" é sábia, estamos ligados a esta grande força. Esta força maior é a alma. A consciência da família nos une e existe uma transmissão de geração para geração que cria uma cadeia de destinos e o mesmo amor que faz adoecer tem a sabedoria da solução quando torna consciente na configuração da constelação familiar.

A colocação de constelações familiares é uma forma de reunificação familiar dentro da alma. Se permitirmos, ela repercute de maneira benéfica na nossa alma.

Nos *workshops* são colocados na constelação familiar dos participantes, confiando nas forças positivas que ajudam a encontrar boas soluções para nós e nossa família. Muitas vezes assumimos inconscientemente encargos provenientes de nossa família e satisfazemos expectativas que são estranhas a nós mesmos. Elas nos conduzem a um comportamento desnecessário e incompreensível. Através da constelação familiar podemos trazer à luz tal comportamento e elucidá-lo. Isso aumenta a capacidade de entender o nosso próprio comportamento, permitindo a reconciliação consigo mesmo e com a própria família.

Soluções pessoais podem também emergir, sendo apenas espectadores e/ou tomando parte na constelação de outros participantes.

A quem se Destina o Trabalho com as Constelações Familiares

Pessoas interessadas em encontrar soluções para questões de âmbito familiar, relacionamento a dois, profissional, saúde, religião ou etnia.

A todos aqueles que quiserem conhecê-lo ou colocá-lo em prática posteriormente (psicoterapeutas, médicos, consultores, profissionais da área de saúde, educação, recursos humanos)".

O que são os Representantes?

Os representantes são escolhidos do grupo. Aqueles que querem constelar a sua família escolhem, via de regra, os representantes. Eles fazem assim: bem centrados, tomam cada um dos representantes pelos ombros e os colocam sem refletir muito em algum lugar no recinto. E isso é tudo.

E aqueles que estão representando não pensam em nada. Eles se recolhem e se deixam levar pelas suas sensações. O que se manifesta em meu corpo? Por exemplo, talvez o braço fique quente ou pesado; sinto vertigens, ou qualquer outra coisa que queira aflorar. E é exatamente isso que acompanhamos, o que nos ajuda a encontrar uma solução.

Porque a solução que procuramos não está em nossa cabeça, não está na cabeça do constelador, vem do sistema, do sistema que está sendo constelado. E nós apenas acompanhamos o que surge daí. Nada mais.

Todos têm uma consciência pessoal, as quais perceberam como "leve" ou "pesada". Sentimos essa consciência avaliar nossos atos. Muitos julgam inclusive ser essa consciência o juiz do "certo" e do "errado".

Esse é um engano muito comum.

Nossa consciência pessoal nada tem a ver diretamente com o certo ou o errado. Ela se guia por outros princípios, que podem ou não estar ligados ao que é denominado de moralmente "certo" ou "errado".

A descoberta desses princípios por Anton Hellinger descortinou um universo de percepções sobre a natureza de nossos relacionamentos familiares e, por extensão, a todos os demais grupos aos quais cada ser humano está ligado.

Investigando a forma como cada um se sentia muitas vezes inocentes (ou de consciência "leve") mesmo cometendo atos agressivos, violentos e que prejudicavam a si e a outros, Hellinger percebeu que a consciência pessoal se liga a três princípios, a saber:
- Um princípio vinculador, que estabelece o pertencimento ao grupo.
- Um princípio de equilíbrio nas trocas, entre o dar e o receber.
- Um princípio de ordem ou hierarquia dentro do grupo.

Nos sistemas familiares, quando alguém faz algo que ameaça seu pertencimento ao grupo sente imediatamente a consciência "pesada". Por exemplo, se alguém se depara com o fato de estar saudável, mas todos os membros de seu grupo familiar estiverem muito doentes, vai se sentir "culpado". Ou um membro de uma família de criminosos sente-se "culpado" se não comete ele também algum delito. Estranho, não é? Especialmente estranho, porque nesses casos essas pessoas se sentiriam "inocentes" – ou de consciência leve – fazendo coisas que no primeiro caso (adoecer junto com os demais membros da família) seria uma coisa "ruim" e no segundo (não cometer nenhum delito) seria uma coisa "boa".

Seguindo os dois princípios seguintes, podemos perceber que quando recebemos algo bom, sentimos uma pressão interna para retribuir, o que é na verdade uma forma de consciência pesada, percebida como dívida. No caso da ordem, se temos que agir de forma a repreender alguém que está acima de nós na hierarquia, percebemos isso como algo que nos pega com a "saia justa" – por outro lado, se o fazemos com um subordinado, isso não nos pesa tanto.

Mas Hellinger ainda descobriu um outro fato surpreendente e que na maior parte do tempo nos escapa da percepção. Ele descobriu a existência de uma consciência grupal comum que atua sobre um grupo bem delimitado de pessoas de cada grupo familiar.

Esse grupo é guiado por essa consciência de forma que só podemos perceber a existência dela através de seus efeitos. Nós não a percebemos como "leve" ou "pesada" da mesma forma como percebemos a consciência pessoal. Essa consciência grupal também se guia pelos mesmos princípios anteriormente citados, mas de forma diferente. Podemos explicar isso de forma simples assim:

- Em relação ao vínculo, a consciência grupal não permite que qualquer membro do grupo seja esquecido, expulso ou excluído sem exigir uma compensação. Caso ocorra, ela vai exigir que um descendente que vem mais tarde (e que frequentemente nada sabe ou nem mesmo participou do fato) repita o destino do excluído ou aja de forma similar a ele (sem o saber).
- Em relação ao equilíbrio, essa consciência exige uma compensação adequada para o que foi dado e recebido. Se alguém recebe demais e não equilibra isso, então um descendente tem a propensão de fazê-lo em seu lugar.
- Em relação à ordem, essa consciência não admite a interferência dos pequenos nos assuntos dos maiores, sob pena de os primeiros se sentirem (sem perceber) tentados a expiar sua interferência através do fracasso, da doença e de destinos difíceis.

Dito isso, fica então muitas vezes claro que alguém, agindo de "boa consciência", frequentemente por amor, infringe as regras da consciência de grupo, chamada por Hellinger de consciência arcaica ou também de "alma" (não no sentido religioso, mas no sentido latino da palavra, "aquilo que empresta movimento a algo").

Ao fazê-lo sobrevém então os efeitos desastrosos, seja para si, ou mais frequentemente para seus descendentes. Hellinger então denominou esses princípios de "Ordens do Amor". Pois eles atuam através do amor profundo entre descendentes e antepassados.

Suas percepções abriram também as portas para aquilo que as vezes permite a solução entre tais desordens, através de um amor mais amplo, consciente, que ultrapassa os limites restritos da consciência pessoal.

É nesse âmbito que se desenvolvem as constelações familiares, buscando restaurar a harmonia entre as ordens do amor dentro de cada grupo familiar.

Isso torna então muitas vezes compreensível o comportamento de cada membro familiar, bem como encontra uma saída para a expressão de seu amor.

Como nossa consciência pessoal nos liga a nossa família, ela desempenha um papel fundamental em nosso amor.

Frequentemente observamos nas crianças um amor especial, profundo e ilimitado em sua entrega e ao mesmo tempo autocentrado e cego para suas consequências. Esse amor acredita no autossacrifício como modo de proteger as pessoas amadas, mesmo que isso na verdade não passe de uma ideia mágica que nada tem a ver com a realidade dos fatos observados. Esse amor, Hellinger denominou de "amor cego", e percebeu que nele reside a base de todas as tragédias – daí a alcunha "amor que adoece". Esse amor se insurge contra a ordem estabelecida e contra a realidade, tal como se apresenta, até mesmo contra a morte. Ele espera suplantar tudo com sua força. E por isso falha.

Em oposição a esse amor, observamos um outro amor, mais amplo e abrangente em sua visão e também mais comedido e humilde em seus atos. Hellinger denominou esse amor de "amor ciente" ou também "amor que vê". Esse amor flui junto com a ordem e se detém face aos fatos impossíveis de serem mudados, renunciando a agir além do que as condições permitem. Esse amor também mantém em seu campo de visão o outro, o ser amado, e o amor que emana dele para nós. É humilde e comedido, respeitoso. E por isso alcança.

Para ilustrar tal diferença entre esses dois amores, tomemos um exemplo.

Imaginem uma menina de 5 anos ao lado do leito de sua mãe, a qual se encontra gravemente doente. A mãe sabe que suas chances de sobreviver são remotas e a criança por sua vez percebe isso com facilidade, como todas as crianças.

Agora tomemos a imagem do primeiro amor, atuando no coração dessa menina. Surge imediatamente o desejo de "salvar" a mãe. Isso é natural numa menininha de 5 anos. Ela talvez diga em segredo em seu coração: "Quando você for para a morte mamãe, eu a seguirei". Ou: "Eu morrerei em seu lugar mamãe, e assim você pode ficar".

E como se sente a consciência pessoal dessa menina? Leve! Se sente uma heroína, pois sente que dá sua vida para salvar a da mãe. Porém, o efeito desse amor é desastroso. A criança na verdade não pode fazer nada. Além disso, como se sente a mãe, caso pudesse ouvir o que se passa no coração da menina? Muito mal, com certeza.

Agora imaginemos um outro modo de amar. Imaginemos que a criança cresce, vive e, depois de um tempo, diz em seu coração a sua mãe: "Querida mamãe! Você é e sempre vai ser a minha querida mamãe! Você me deu a vida, e eu a tomo como um presente precioso! E, com essa vida, irei fazer algo de bom. Se por acaso me for dado também ter filhos, direi a eles sobre a mamãe maravilhosa que você foi para mim. E, no meu tempo certo, morrerei também".

Como se sente a filha agora? Como se sente a mãe? Como se sentirão os futuros netos?

Muitos daqueles que buscam ajuda e daqueles que ajudam, pensam na ajuda de uma certa maneira. Essa maneira supõe que o ajudante é "grande" e o ajudado é "pequeno". Dessa forma, o ajudante é colocado como se soubesse o que é melhor para o ajudado. E muitas vezes também o ajudante é encarregado de permanecer a cargo do ajudado até que esse "fique bem". Isso na verdade cria uma dependência entre o ajudado e o ajudante, e transfere para esse último a responsabilidade pela mudança e pelo resultado.

Esse tipo de ajuda "prende" ambos: ajudante e ajudado. E também eventualmente diminui a dignidade do ajudado.

É claro que é um caminho de ajuda válido, e bem estabelecido que esse tipo de ajuda tem seu lugar, por exemplo, entre um cirurgião e seu paciente. Porém, esse ajudar tem limites. Ele é especialmente limitado quando aquilo que precisa ser modificado é algo que depende muito mais ou exclusivamente da atitude do ajudado. Aí essa forma de ajudar tem pouco efeito. Por exemplo, quando alguém precisa de ajuda a fim de mudar algo em seu próprio comportamento. Nesse caso, esse tipo de ajuda pouco contribui.

A abordagem sistêmico-fenomenológica de Hellinger ajuda dentro de outra visão. Nela, o ajudante e o ajudado estão num mesmo nível. E o ajudante inclusive chega ao sistema do ajudado em último lugar. Aí ajuda exatamente por saber menos, e não por saber mais. Porque não está atado aos pressupostos do ajudado, o ajudante o auxilia a ver aquilo que está fora de seu campo habitual de visão. E uma vez que o ajudado vê, então nada mais é necessário – o ajudante se retira.

Isso é ajudar com o mínimo. E é um dos conceitos essenciais desse trabalho.

As informações da Constelação são fornecidas pela Doutora Ana Helena Martins.

Técnicas Modernas Inclusivas – das mais Diversas

Prosseguindo em nossa breve jornada pelo naturalismo através dos tempos, onde apresentamos algumas técnicas naturalistas e suas origens dos mais distantes cantos do mundo (são muitas as técnicas terapêuticas naturalistas, sendo impossível aqui apresentar todas e sim somente as principais), vamos agora demonstrar que muitas pesquisas estão sendo feitas a respeito, fazendo com que surjam novas técnicas com excelentes resultados terapêuticos.

O Espiral Tape

O professor Tanaka, renomado técnico em ortopedia no Japão, percebeu um fato muito interessante ao tratar seus pacientes, quando enfaixava a atadura nos esportistas que se acidentavam torcendo o tornozelo, dependendo da direção em que a faixa era enrolada, verificava-se uma diferença no alívio da dor da inflamação imediatamente Observou que a maioria das vezes em que enfaixava a atadura da extremidade para o centro, e com direção à esquerda, mais facilmente obtinha-se o alívio das dores, o relaxamento dos músculos e também aumentava-se a força muscular.

Com o passar dos anos, ele concentrou suas pesquisas nas musculaturas ao redor de cada articulação. Ao traçar uma linha relacionando cada articulação e os músculos correlacionados, imaginou que o traçado formava um zigue-zague, percebendo, posteriormente, que o traçado não formava um zigue-zague e, sim, obedecia a uma forma espiralada. Se as linhas de correlação forem traçadas num plano, a forma é um zigue-zague ascendente, subindo pela estrutura do corpo, mas o corpo humano é uma estrutura tridimensional, o que se obtém é o traçado de uma espiral perfeita.

Em 1984, associando as descobertas citadas anteriormente com a acupuntura, cinesiologia, neurologia, ortopedia e biofísica surgiu a técnica de analgesia **spiral tape.**

Na Maratona de Revezamento Universitário de Hakone (1994), no Japão, a técnica foi usada na equipe da Universidade Yamanashi. A equipe melhorou o seu desempenho significativamente, atingindo o recorde de 10h 59min 13seg na categoria, tirando o favoritismo da Universidade de Waseda.

Com esta conquista a técnica *spiral tape* passou a ser reconhecida e divulgada amplamente em todo o Japão.

A moderna terapia *spiral tape* tem os seguintes benefícios:
- Efeito imediato;
- Desaparecimento completo da dor em 80% dos casos;
- Possibilidade de cura rápida;
- Terapia totalmente indolor e sem o uso de medicamentos;
- Sem contraindicações e efeitos colaterais;
- Tratamento em curto prazo de tempo;
- Número reduzido de sessões até a recuperação completa;
- Método de baixo custo.

É mais uma maravilha do Naturalismo moderno.

Stiper – A Acupuntura sem Agulhas e sem Nenhuma Dor

(Stiper – **Sti**mulation and **Per**manency). São pastilhas macias como algodão produzidas com Quartzo Micronizado (SiO^2) depositados e ordenados em manta hipoalergênica, tendo sua concentração por mm² predeterminada e granulometria rigidamente controlada, sendo cem por cento quartzo ou melhor dizendo cristal de rocha natural ou mais conhecido, areia. É bom lembrar que o quartzo é usado em aparelhos de precisão.

Cristalografia sempre teve destaque em várias áreas holísticas e do esoterismo. Comprovadamente, se analisarmos sob ângulo científico que estudou profundamente os minerais, observaremos que o Quartzo, ou Dióxido de Silício em três facetas (SiO^2), está sempre presente quando necessitamos enviar e receber ondas, ordenar e ler frequências e ainda quando queremos obter a mais absoluta precisão de medidas, imagens, sons e tempo. O **Silício** é o elemento mais abundante na Terra, 60% da camada da Terra é constituída de compostos de Silício, portanto, é um elemento que nós estamos habituados a ele, convivemos com ele.

Tudo que tocamos e é natural tem Silicio, Mais de 3% de nossa constituição orgânica, tais como derme, epiderme, músculos, nervos, ossos e órgãos são constituídos por Silício, e, sendo assim, concluímos que o produto *Stiper*, por ser 100% Silício micronizado, não é uma substância desconhecida de nosso organismo, pois estamos em contato frequente com ela desde que nascemos.

O *Stiper* nada mais é que silício puro, logo, é um cristal micronizado, e como todo o cristal que vem sendo utilizado por nós há milhares de anos, o *Stiper* oferece todos os benefícios energéticos para se adquirir equilíbrio espiritual, mental e físico. Ou seja, o perfeito reordenamento das frequências e das ondas.

As pastilhas *Stiper* substituem grandemente as agulhas de acupuntura com as seguintes vantagens:

a) É indolor;

b) Não é invasivo;

c) Sua ação é três vezes maior que a acupuntura;

d) O paciente não precisa ficar deitado num divã terapêutico sendo espetado com agulhas, o *Stiper* é colocado sobre os pontos acupunturais e permanece sobre a pele por três dias.

e) O produto na pele não incomoda, não causa alergia nem dor de espécie alguma, pode-se tomar banho com ele, enfim, leva-se uma vida normal.

Os alunos da Escola ETAME realizaram três anos de pesquisa para as mais diversas patologias e obtiveram excelentes resultados com *Stiper*, calculados em 80% de resultado em geral. Fóruns de Discussão e Debates de Entidades de Classes voltadas ao assunto, e, a cada dia, mais Na Europa a utilização do *Stiper* está consagrada e há Congressos Internacionais e adeptos se juntam ao revolucionário método.

Essa excepcional técnica está em prática há mais de 10 anos em vários países da Comunidade Europeia, e agora, no Brasil.

No Brasil desde 2005, veio para dar, sem dúvidas, sua contribuição à ação eficaz das diversas terapias, mormente na acupuntura, produzindo diariamente mais e mais confiabilidade nos que se utilizam dele, e aos profissionais da área forneceu, ainda, uma nova opção para os pacientes que não se adaptavam às agulhas ou não gostavam do repetitivo e desconfortável método das idas e vindas diárias às clínicas terapêuticas.

Entre os mais diversos métodos terapêuticos modernos podemos citar:
- O Diagnóstico eletrônico japonês Ryodoraku que determina o grau de interferência do desequilíbrio do sistema nervoso neurovegetativo sobre os meridianos e dá a correção através de pontos acupunturais situados nas extremidades das mãos e pés.
- A Eletropuntura, excelente na sedação e anestesia das cirurgias.
- O Moxabustão Eletrônico substitui o bastão de moxa com seu cheiro forte.
- A Cromoterapia Eletrônica que produz alternância de cores de forma programada com temporizador.
- O Laserpuntura, a substituição das agulhas pelo indolor raio Laser, excelente para aplicação em criancinhas e muito mais.

Caro leitor, ficou claro que a Naturologia é uma ciência profunda e que não pode permanecer nas mãos de leigos? Ficou claro que é um estudo profundo que requer um curso universitário e que compete criar a profissão de médico naturólogo?

Tenho um sonho! Neste sonho vejo um mundo de paz, onde não exista desigualdade nem conflitos, onde os homens possam viver as **seis felicidades** num mundo globalizado, ecológico e superevoluído cientificamente, onde os terapeutas tenham a **compaixão dos Tibetanos,** a sabedoria dos **Chineses e Vedas Indianos**, a ciência da **Medicina Antroposófica** e a força e capacidade de dominar as forças da natureza como os **Xamãs, Pajés e Feiticeiros Africanos**, e uma parte da cura possa ser feita de forma suave, pelas águas como queriam os **Romanos antigos**, onde o estudo da ciência natural seja infinita como a dos **Druidas** que levavam vinte anos para se dizer profissional, ou que a cura possa ser encontrada no sonho como nos

Templos de Mistérios da Antiguidade ou as **terapias de Asclépio**, onde as pesquisas científicas naturalistas obtenham grande evolução, ainda estamos distantes disso, porém, podemos antecipar este futuro tão sonhado e tenho certeza que não sou o único que pensa assim.

Junte-se a nós! Faça parte desta diferença.

Bibliografia

KIM, D.S. (2001), **Dicionário da Medicina Oriental**, São Paulo. ABEAMO.

ARAÚJO, E. (2008). **Promoção de Saúde e Qualidade de Vida**. Rio de Janeiro. IAVM.

PRADIPTO, M.J. (1985). **Tao Shiatsu**. São Paulo. Summus.

MARINS, A. (1979). **Elementos de Acupuntura**. São Paulo. Ground.

YUM, J.S. (1985). **Doenças – Causas e Tratamentos**. São Paulo. Prod. Própria.

GELB, M. (1987). **O Aprendizado do Corpo**. São Paulo. Martins Fontes.

BOTSARIS, A. (2001). **Sem Anestesia**. Rio de Janeiro. Objetiva.

HUARD, P e Wong, L. (1971). **Cuidados e Técnicas do Corpo**. São Paulo. Summus.

LANGRE, J. (1977). **Do-In**. São Paulo. Ground.

HAY, L.L. (1980). **Cure o seu corpo**. São Paulo. Espaço Vida e Movimento.

ASHENBURG, K. (2008). **Passando a Limpo**. São Paulo. Larousse.

PIMENTEL, G. (1972). **Fruticultura Brasileira**. São Paulo. Nobel.

CHUEN, L.K. (1996). **O Livro do Feng Shui**. São Paulo. Manole.

D'ANGELO, E.; CÔRTES, J.R. (2008). **Ayurveda, a Ciência da Longa Vida**. São Paulo. Madras.

CASTRO, E.A. (1999). **Quiroprática, um Manual de Ajuste do Esqueleto**. São Paulo. Icone.

BONTEMPO, M. (1981). **Introdução à Macrobiótica & Dieta dos Dez Dias**. São Paulo. Ground.

BERTHERAT, T.; BERNSTEIN, C. (1991). **O Corpo Tem suas Razões**. São Paulo. Martins Fontes.

PERLS, F. (1973). **The Gestalt Approach**. Palo Alto, USA. Science and Behavior Books.

KELEMAN, S. (1992). **Anatomia Emocional**. São Paulo. Summus.

MACIOCIA, G. (1996). **A prática da Medicina Chinesa**. São Paulo. Roca.

KUHNE, L. (1982). **Cura pelas Águas**. São Paulo. Hemus.

STEINER, R.; WEGMAN, I. (1925). **Grundlegendes Für eine Erweiterung der Helkunst nach geisteswissenschaftlichen Erkenntnissen**. Suíça. Filosophisch Antroposophischer Verlag Dornach.

MENDONÇA, M. E. (2000). **Ginástica Holística**. São Paulo. Summus.

BIENFAIT, M. (1989). **Fisiologia da Terapia Manual**. São Paulo, Summus.

TEIXEIRA, S. (2003). **Medicina Holística**. Rio de Janeiro. Elsevier.

BRENNAN, B.A. (1993). **Luz Emergente**. São Paulo. Pensamento.

BIAZZI, E.S. (2001). **Saúde pelas Plantas**. São Paulo. Casa Publicadora Brasileira.

Sistema Educacional SUD (1989). **História da Igreja na Plenitude dos Tempos**. São Paulo. SUD.

HUANG, A.C. (1973). **Expansão e Recolhimento – A Essência do T'ai Chi**. São Paulo. Summus.